당신의 꿈은
지금
몇 살입니까?

당신의 꿈은
지금 몇 살입니까?

초판 1쇄 인쇄 _ 2020년 11월 10일
초판 1쇄 발행 _ 2020년 11월 15일

지은이 _ 오들희
펴낸곳 _ 바이북스
펴낸이 _ 윤옥초
책임 편집 _ 김태윤
책임 디자인 _ 이민영

ISBN _ 979-11-5877-208-6 03190

등록 _ 2005. 7. 12 | 제 313-2005-000148호

서울시 영등포구 선유로49길 23 아이에스비즈타워2차 1005호
편집 02)333-0812 | **마케팅** 02)333-9918 | **팩스** 02)333-9960
이메일 postmaster@bybooks.co.kr
홈페이지 www.bybooks.co.kr

책값은 뒤표지에 있습니다.
책으로 아름다운 세상을 만듭니다. — 바이북스

미래를 함께 꿈꿀 작가님의 참신한 아이디어나 원고를 기다립니다.
이메일로 접수한 원고는 검토 후 연락드리겠습니다.

꿈의 성장 6단계로 되찾는 꿈과 열정

당신의 꿈은 지금 몇 살입니까?

오들희 지음

바이북스
ByBooks

꿈을 잃은 시대, 꿈에 대한 열정을 찾아드립니다!

2020년, 우리는 암흑에 빠져 있다. 쉽게 좌절하고 두려움을 느낄 뿐만 아니라, 손톱만큼의 희망도 찾을 수 없는 해다. 꿈을 꾼다는 것은 사치가 되었고, 기회는 사전에서나 볼 법한 단어처럼 멀게만 느껴진다. 중국 우한에서 시작된 '코로나 바이러스'는 아시아뿐 아니라 전 세계를 팬데믹Pandemic의 풍파에서 벗어나지 못하게 만들고 있다. 엎친 데 덮친 격으로 기상이변의 피해까지 더해져 대한민국은 현재, 어느 것 하나 안정적인 것을 찾을 수 없다. 국내의 불안정한 정세 때문일까? 꿈꾸고, 희망을 노래해야 할 시기의 청년들 또한 '나는 무엇을 하고 싶은가?'라는 질문보다, '나는 이 시기를 어떻게 버텨낼 것인가?' 자문하며 방황하고 있다.

청년들뿐 아니라 수많은 주변인들의 불안을 살피다 보니, 나도 스스로에게 묻고 있었다. 이 혼돈의 시기를 어떻게 극복해 나갈 것이며, 무엇을 즐겁게 시도해 나갈 것인지 말이다. 누구나 그렇겠지만 코로나는 나에게서도 많은 것을 앗아갔다. 가족들과 머리 맞대고 여행지를 고민하던 풍요로운 선택지와, 친구들과 실내 스포츠를 즐기던 다양한 활동 영역, 그리고 예정되어 있던 여러 기회의 가능성과 그로 인한 금전적 여유까지. 빼앗긴 일상이 너무 많아서 헤아릴 수 없다. 하지만 코로나 덕분에 생긴 시간적 여유는 내게 '꿈'에 대한 새로운 시선을 선물해 주었다.

나는 문득 '꿈'의 성장과정과 '인간'의 성장과정이 굉장히 닮아 있다는 생각을 했다. 중세인들이 말하는 인간의 생애는 아래와 같이 6단계로 나뉜다. 유년기, 소년기, 청년기, 장년기, 중년기, 노년기로 구분되는 각각의 단계에는 비슷한 일련의 시련과 사건들, 비슷한 깨달음과 성공들이 주를 이루고 있다. 그런데 꿈도 크게 다르지 않았다. 장래희망이라는 '꿈Dream'을 잉태하고, 그 꿈을 이뤄나가기 위해 노력하고 있지만 각각의 시기마다 비슷한 혼돈이 찾아오기 마련이다. 우리의 인생사만큼 '꿈'은 매우 불완전하며, 미래를 예측할 수 없기 때문이다. 따라서, 나는 '사람'과 '꿈'의 비슷한 성장 단계 속에서 현재 내가 어떤 과정에 놓여 있는지, 이 시기를 어떻게 극복해 나갈 것인지에 대해 미리 준비하고 현명하게 대처할 수 있으리라 생각했다.

중세 인간의 생애 6단계

시기	구분	고전 표기	특징
유년기	0 ~ 7세	Infantia	영아 시절, 표현 능력 없음
소년기	7 ~ 14세	Pueritia	순결, 소년기
청년기	14 ~ 28세	Adolescentia	청춘, 청년시대
장년기	28 ~ 50세	Inventus	발견, 발명의 시기
중년기	50 ~ 70세	Gravitas	무거움, 무르익은 시기
노년기	70 ~ 100세	Senium	노년기. 삶의 마지막 시기

물론 중세와 현대는 많은 차이가 있기에 그대로 적용할 수 없는 측면도 분명히 있지만 성장과정이라는 특징은 큰 맥락에서 유사하다. 그러니 우리의 꿈을 찾고 키우기 위해서 이러한 과정을 살펴볼 필요가 있는 것이다.

우리 대부분이 성장의 절정에 있는 때이며, 자신의 가능성을 발견하고 계속 발전시켜 나가는 상태인 장년기에 인생의 성공을 맞이한다. 이 시기는 모든 연령대 가운데 신체적, 정신적으로 가장 건장할 시기이며, 남에게 '도움이 될' 준비가 되어 있는 상태이다. 세상에 태어나 자신을 헌신해 남을 돕는 것은 '인간의 의무'이기도 하니, 본연의 가치와 능력을 사회에 환원하는 가장 경이로운 시기이기도 한 셈이다.

혹시, 인생의 시기가 '장년기'임에도 스스로의 가능성을 발견하지 못했는가? 혹은 장년기가 지났는데도 인생이 경이롭지 못하거나, 인생의 황금빛이 보이지 않는가? 나는 좌절하고 있는 그대에게 조금만 더 용기를 내라거나, 느리지만 괜찮다는 식의 흔한 위로를 건네고자 하는 게 아니다. 어쩌면 당신의 계산 방법이 틀렸을 수도 있다는 걸 전해주기 위해 이 책을 쓰고 있다. 자신이 하고 싶은 일을 발견하고 그 꿈을 위해 노력하기 시작한 사람은, 꿈이 없는 사람과 성장 속도가 다를 수밖에 없다. 꿈이 없다면 이 책을 통해 내면의 욕망에 좀 더 귀 기울일 수 있길 바라고, 꿈이 있다면 꿈을 꾼 시기부터 6단계를 다시 계산해 더욱 성장하길 바란다.

나도 20세 전까지 딱히 하고 싶은 일이 없었다. 이루고 싶어서 기를 쓰고 덤빌 만한 장래희망도 없었고, 찬란한 미래를 상상하며 미소 지을 만한 꿈도 존재하지 않았다. 하지만 춤추고 노래하는 것을 즐겨했고, 누군가를 모사하면서 웃음을 유발하는 일을 즐거워했다. 그 무대가 카메라 앞이기도 했고, 관객 앞이기도 했지만 구체적인 꿈이 존재하지는 않았다. 그렇다면, 내 경우는 꿈을 발견한 19살의 시기가 바로 나의 꿈이 갓 태어난 유년기인 셈이다. 20대를 꿈의 유년기로 보냈으니 나의 20대가 서툴었고, 막막했으며, 초라했던 것은 어쩌면 당연한 이치였다. 하지만 다르게 생각하면 어떤가? 꿈의 잉태가 남들보다 조금 늦어 연약해 보일지라도, 생명의 탄생처럼 꿈이 생겼다는 그 자체만으로도 충분히 아름답고 경이롭지 않은가?

나는 지금 꿈의 청년기, 즉 자식을 낳을 수 있을 만큼 충분히 성숙해진 시기를 향해 달려가고 있다. 사회적으로 청년기는 자신의 존재를 증명하는 주민등록증이 발급되고, 국가의 정치에 영향력을 행사하는 투표권이 주어진다. 어쩌면 내 경력의 지난 10년은 국제 사회자로서 사회적 인정을 받지 못하고, 스스로를 증명해야 하는 많은 도구들이 필요했던 시기였을 것이다. 물론 누군가의 눈에는 아직도 내가 주민등록증도 발급받지 못한, 여전히 꿈을 실현하지 못한 사람으로 기억될지 모른다. 하지만 지금 집필하고 있는 이 책이 언젠가 나와, 나의 꿈을 든든히 조력해 줄 칼과 방패가 되길 바라며, 이야기를 시작하려 한다.

얼핏 보면 '나'로 인해 시작된 이야기들이 모여 '내 주변'을 이야기하다 끝나버리는 지극히 개인적인 책으로 느껴질지도 모른다. 하지만 내 이야기를 통해 책을 읽는 독자 중 단 한 명이라도 꿈에 대한 열정을 되찾을 수 있다면, 그것만으로 충분히 만족스러울 것이다. 물론 지금 프롤로그를 읽어 내려가는 당신이, '꿈'이라는 단어와 전혀 어울리지 않는 상황이거나 현실이라는 삶의 소용돌이에서 겨우 버티는 사람일지도 모른다. 그러나 인생은 찰나를 통해 새로운 욕망을 발견하기도 하니까. 그대 인생의 단 한순간이라도 열정을 꽃 피웠던 기억이 있다면 이 책과 함께 그때의 뜨거움으로 돌아갈 수 있길 바란다.

현재 당신은 '꿈'의 어떤 시기에 존재해 있는가?

c o n t e n t s

Chapter 2

아직 꿈을 이루기에는 이른
순수한 소년기 Pueritia

Chapter 3

정신적, 육체적으로
가장 건장한 청년기 Adolescentia

Chapter 4

성과를 이룰 만큼
충분히 성숙해진 장년기 Inventus

Chapter 5

자신의 가치가
가장 높고 무거운 중년기 Gravitas

Chapter 6

자신과 타인의 실수에
너그러워져야 할 노년기^{Senium}

Epilogue

Chapter 1

꿈을 처음 만난
유년기Infantia

스펀지처럼 흡수력이 빠른 청년들일수록 좋은 책을 많이 보고,
좋은 여행을 자주 다니고,
좋은 대화와 좋은 생각을 많이 나눠야 한다.
그 방점은 무엇보다도 '좋은'에 있다.

청년들의 5년 후, 10년 후는 자신을 어떤 상황에 노출시키느냐에 따라
달려 있으며 그 선택권은 오로지 지금 현재, 본인 스스로에게 있다.
어쩌면 내가 꿈을 만났던 순간, 꿈을 이룬 사람들에게 무작정 메일을
보낼 수 있었던 배짱, 책의 1장을 간신히 써내려 가고 있는
지금의 도전까지 모두, 이 근거 없는 자신감 덕분일지 모르겠다.

**근거 없는 자신감,
분명 당신의 미래를 만든다.**

근거 없는 자신감,
내 꿈의 출발점

달콤한 낮잠에 빠져 있던 어느 날이었다. 새벽부터 일어나 오전 스케줄을 소화하고 왔던 터라 점심과 맞바꾸며 단행한 단잠이었다. 미처 휴대전화를 무음으로 바꾸지도 못한 채 잠이 들었던 탓에 소란스러운 벨소리가 금세 나를 깨웠다. 게슴츠레 눈을 떠 확인해보니 아버지였다. "해가 중천에 떴는데 아직도 자고 있으면 어떡해?"라는 잔소리가 눈에 훤하게 그려졌다. 일 끝나고 와서 자는 거라며 변명할 에너지조차 없었기에 나는 울리는 전화를 못 본 체하며 조금 더 자는 쪽을 선택했다. 초저녁쯤이 되어서야 일어난 나는, 자느라 전화를 못 받았다는 메소드 연기를 하며 전화를 드렸다. 반나절 만에 전화를 받은 딸에게 "여보세요?"는 사치일 뿐, 아버지는 궁금했던 질문들을 다짜고짜 쏟아내기 시작했다.

"너 고등학교 선생님들께 연락은 드리고 있니?"

"20대 때는 식사도 대접하고, 가족들 선물 사서 스승의 날에 찾아뵙고 했었죠. 왜 그러세요?"

"지금은?"

"지금은…… 대학교, 대학원 교수님들밖에 안 찾아뵙죠."

"지금의 너를 있게 해주신 분들인데 연락드려야지. 감사 인사드리게 연락처 보내놓으렴."

갑자기 10년 전 제자의 학부모 전화를 받으면 선생님도 어색할 수 있으니 그냥 내가 전화하겠다거나, 스승의 날에 찾아뵙겠다는 둥의 핑계는 먹히지 않았다. '선생님에 대한 연락조차 자유가 없는 우리 집은 확실히 민주주의는 아니다'라는 생각과 동시에 4년 전 마지막으로 연락했던 고등학교 담임선생님의 연락처를 보내드렸다. 한참 전에 졸업한 제자의 학부모 전화를 받는 선생님의 기분이 과연 좋을까 생각하니 약간 조심스럽긴 했지만, 그 덕분에 나는 불현듯 내 꿈의 출발점이 어디인지를 되돌아보기 시작했다.

고등학교 3학년 수시 전형으로 대학을 준비하던 나는 우연히 2학년 담임선생님이자 '국어'를 가르쳐주시던 박순선 선생님과 마주쳤다. 학교의 주요 행사들에 언제나 빠지지 않고 마이크를 잡던 나의 진로가 궁금하셨는지 어느 학교, 어떤 학과를 갈 생각이냐며 눈을 반짝이며 물어보셨다. 어릴 때부터 글 쓰는 걸 좋아했고, 집을 가득 채운 상장과 액자는 언제나 시, 산문, 독후감 대회의 수상 흔적들이었던 나는 당연히 문예창작학과를 지원했었다. 하지만 그 말을 들은 선생님은 나를 앉혀놓고 진지하게 설득하기 시작했다.

"너는 전교생한테 네 끼를 다 자랑해놓고 갑자기 왜 뚱딴지같은
선택을 하려고 하니?"
"전 무대에 서는 걸 직업으로 생각해본 적이 단 한 번도 없어
요."
"네 꿈을 이루고 난 후에 글을 써도 늦지 않아. 다시 한 번 신중
하게 생각해봐."

나를 누구보다 아껴주셨던 담임선생님이자, 내가 가려는 '국문'
학과 출신인 분이기에 그녀의 설득에는 보이지 않는 힘이 있었다.
물론 '재미'와 '재능'만으로 평생을 기댈 수는 없는 노릇이었다. 그
렇지만 선생님이 제자를 위해 '툭!' 하고 던져주신 뿌리 깊은 한마
디는 내 미래를 좀 더 깊이 고찰하게 만들었고, 그 덕분에 꿈이 없
던 나는 인생을 송두리째 걸고 싶은 꿈을 만나게 되었다.

우연히 외국인 노동자들을 위한 봉사활동을 갔을 때의 일이다.
그곳에서 영어로 레크리에이션을 진행하는 여성을 보게 되었다. 10
년 전 일이라 그 순간이 정확히 기억나진 않지만 두 가지 사실만큼
은 아직도 나를 강렬히 지배하고 있다. 참여하는 외국인들이 정말
행복해 보였다는 것과, 내가 영어를 잘하게 된다면 그 여성보다 훨
씬 잘할 수 있을 것 같았던 근거 없는 자신감. 어떻게 보면 그 근자

감('근거 없는 자신감'을 줄여 이르는 말)이 바로 내 꿈의 출발점이었다. 그 모습을 마주한 순간부터 지금까지 나는 누구보다 무식하고 촌스럽게 꿈을 향한 첫 발자국을 내딛었다.

일단 돈벌이가 전혀 없던 시절에도 나는 돈이 생기면 가장 먼저 영어 학원에 등록했다. 문장 하나조차 제대로 만들지 못했지만 단 한 번의 결석 없이 3년을 성실히 다녔고, 그 결과 학원에서 가장 낮은 반이었던 나는 더 이상 올라갈 곳이 없는 가장 높은 반까지 격상할 수 있었다. 그럼에도 영어를 더 잘하고 싶은 욕심에 〈슈퍼스타K〉 리포터로 활동을 하면서도 이태원 '서브웨이' 샌드위치 집에서 아르바이트를 했다. 외국인의 주문에는 사시나무 떨 듯 긴장하던 나는 6개월 후 그들과 농담을 주고받을 정도의 회화 실력을 갖추게 되었고, 이후 또 한 번의 근자감을 발휘해 통·번역 대학원 수업들을 이수하게 되었다. 그렇게 나는 한 계단 한 계단 오르지 못할 나무들에 손을 뻗었고, 어느새 내가 작은 나무가 되어 있음을 발견할 수 있었다.

과거의 작은 순간들이 모여 현재를 이루고, 현재 나의 선택들이 쌓여 미래가 된다는 것은 아주 조금은 아찔하다. 물론 나는 지금의 내 직업을 만난 것에 매우 만족하고 있지만 19살에 내가 다른 경험 혹은 다른 장면을 목격했다면 지금의 나는 없을지도 모른다. 문득 광고인 박웅현 씨의 말이 생각났다. 스펀지처럼 흡수력이 빠른 청년들일수록 좋은 책을 많이 보고, 좋은 여행을 자주 다니고, 좋은 대화와 좋은 생각을 많이 나눠야 한다는 말. 그 방점은 무엇보다도 '좋은'에 있었다. 청년들의 5년 후, 10년 후는 자신을 어떤 상황에 노출시키느냐에 따라 달려 있으며 그 선택권은 오로지 지금 현재, 본인 스스로에게 있는 것이기 때문이다.

최근 집필, 방송, 대학원뿐 아니라 인생마저도 내게는 한참 선배인 정영진 선배님을 만났다. 먼저 책을 쓴 사람으로서 후배인 내게 해주고 싶은 조언이 없냐고 물어보았다. 상상하지 못한 대답이 돌아왔다.

> "'그때 내가 책을 안 썼으면 얼마나 좋았을까……' 하는 후회를 너도 곧 하게 될 거야!"

상상하지 못한 대답이 돌아와 깔깔 웃고 넘겼지만, 어쩌면 내가 꿈을 만났던 순간, 꿈을 이룬 사람들에게 무작정 메일을 보낼 수 있었던 배짱, 책의 1장을 간신히 써내려 가고 있는 지금의 도전까지 모두 이 근거 없는 자신감 덕분일지 모른다.

근거 없는 자신감,
분명 당신의 미래를 만든다.

매너가
사람을 만든다!

학창시절 친구들의 증언에 의하면 나는 정말 떡잎부터 제멋대로인 학생이었다. 고등학교 3학년이라면 당연하게 연상되는 여러 장면들 중 나와 일치하는 부분은 하나도 없었기 때문이다. 그들의 기억 속에 나는 점심시간마다 운동장을 뛰어다니며 축구를 했고, 수업 시간에는 과목 선생님을 흉내내며 자율학습 시간을 얻어내기 바빴다. 집중해서 공부하고 있는 모습이 보여 슬쩍 들여다보면 '국어'가 아닌 명언 공부를, '영어'가 아닌 '영어일기'를 쓰고 있기도 했다. 교장, 교감 선생님도 이름을 기억할 만큼 끼가 많았지만 다소 미래가 걱정되는 아주 특이한 오락부장 중 한 명이었다. 내신 성적과 주입식 교육에 철저히 무관심했던 내가 재능을 증빙해줄 상장들과 자신감을 어필할 수 있는 면접 덕분에 다행히 원하던 예술대학교에 입학할 수 있었다.

하지만 학교에서 소문난 딴따라(?)인 내게도 입학식은 가히 충격적이었다. 그 어디에도 일반적인 학생의 모습은 없었기 때문이다. 학교 곳곳에는 구미호 같은 백발, 노란 머리, 무지개 머리, 대머리, 닭 머리가 시선을 강탈했고, 분장이나 복장은 마치 핼러윈데이를 연상케 했다. 나를 제외한 모든 전교생이 우월한 기럭지와 비주얼을 자랑하는 듯했으며, 다시 떠올려 봐도 제각각 개성 넘치고 멋스러웠다. 심지어 그날 화장을 하지 않고 민낯으로 온 여학생은 학과에 단 두 명밖에 없었는데 그중 한 사람이 통영에서 올라온 나, 그리고 함께 올라온 내 친구였다. 하하 그 덕분에 나는 공부에 집중하고 성실히 수업을 이수하는 것 말고는 달리 승산이 없겠다고 판단했고, 정말 열정적으로 학교를 다녔다. 졸업하는 날 부모님께 장학금과 '예술의 빛'이라는 영광의 상패를 안겨 드리는 것도 잊지 않았다!

대학교를 졸업한 직후 함께 작품을 했던 수많은 동기들이 각 방송국의 작가, FD 혹은 영화, 연극 연출로 다양하게 포진되어 있었고, 덕분에 내 포지션 또한 다양했다. 어떤 날은 신곡의 가이드 녹음을, 어떤 날은 뮤직비디오 촬영 현장을, 어떤 날은 드라마, 예능, 영화 촬영장에 출동해 있었다. 아이돌에 대해 관심도 없었고 무지했던 2014년의 어느 날, 아이돌 비투비BTOB라는 그룹의 몰래카메라 연기자로 섭외가 되었다. 하루 종일 그들을 쫓아다니는 광팬을 연기해야 했는데, 나는 단 한 명의 이름도, 얼굴도 알지 못했다. 학창시절, 시험 전날에도 공부하지 않던 내가 그들의 이미지와 특징을 노트에 나열해가며 암기하기 시작했다.

어느덧, 촬영 당일이 되었다. 몰래카메라는 말 그대로 자연스러움이 생명이었기에 적절한 카메라 위치와 방향, 배우들의 연기, 관계자 및 연출진들의 상황 판단력이 무엇보다 중요했다. 비투비 멤버 한 명씩 개인 인터뷰를 끝내고 숙소로 돌아갈 때, 적당한 위치에 맞춰 연기자들이 투입되기로 했다. 콘셉트는 고등학교 동생들 때문에 아이돌을 만나러 온 한 여성이 우연히 헤어진 남자친구와 마주치는 것이었다. 그 남자친구는 여성 연기자에게 아이돌이나 쫓아다니냐며 큰소리로 비아냥거렸고, 그녀는 나중에 이야기하자며 상황을 회피하려다 결국 그들 앞에서 크게 다투게 되는 식이었다. 멤버 개개인이 각자의 성향과 색깔대로 조심스럽게 팬들을 보호하려 했지만, 연출진은 촬영이 끝날 때마다 나와 상대 배우에게 더 거친 언행과 행동들을 요청했다. 그렇게 티격태격 큰소리와 몸싸움의 콜라보가 극에 달할 때, 우리는 '이창섭'이라는 멤버를 재발견하게 되었다.

창섭 "(남자가 거세게 잡아끄는 여성의 팔을 낚아채며) 싫다는데 왜 자꾸 잡으세요."

남성 연기자 "저 남자친구라고요."

창섭 "남자친구든 뭐든 싫다는데 왜 잡고 그러시냐고요."

남성 연기자 "신경 쓰지 마시라고요. 남의 일에 끼어들지 마시라고요."

창섭 　"이쪽이 저한테 왔는데 그쪽이 끼어든 거예요. 하지 마
요."

　처음 보는 여성 팬이 험상궂은 남성과 실랑이를 벌일 때 관여하
지 않거나 빨리 자리를 피하는 것이 오히려 그들에게는 편할 수 있
다. 그러나 그는 공손함을 유지하면서도 절대 피하지 않았다. 남자
친구라는 명목하에 거친 행동으로 여성 위에 군림하려던 그를 단숨
에 제압했다. 그날 제작진을 포함한 모든 촬영진은 그에게 홀딱 반
해버렸다. 우리에게 '이창섭'은 아이돌이 아니라 진정한 남자였다.

　《고수의 생각법》의 조훈현 저자는 사람이 힘을 가졌을 때 그가
어떻게 판단하고 행동 하느냐에 따라 그 사람의 인성을 알 수 있
다고 말했다. 이것은 내가 위에서 언급한 아이돌이나, 방송인, 행
동이 대중에게 드러나고 평가받는 유명인들에게만 국한되는 이야
기가 아니다. 세상은 우리가 생각하는 것보다 훨씬 다양한 연결고
리로 이어져 있기 때문에, 그 속에서 분명 누군가는 나를 주시하고
있다. 너무나 당연해서 하나 마나 한 소리로 들리지만 우리는 절대
죄짓고 살지 않아야 한다. 끊임없이 선한 방향으로 나아가야 한다.
생각의 바탕이 아름다운 사람들, 사소한 원칙과 도덕도 지키려 노
력하는 사람들, 그러한 사람들이 잘 사는 세상이 분명 도래할 것이
다. 당장은 자신의 이익을 챙기려는 사람이 성공하는 것처럼 보여
도 결국은 예나 지금이나 착한 행동이 좋은 결과를 가져오기 마련

이다. 기원전부터 진리였던 권선징악勸善懲惡(선함을 권하고 악함을 징계한다는 뜻), 인과응보因果應報(좋은 행위에는 좋은 결과가, 나쁜 행위에는 나쁜 결과가 따른다는 뜻)의 교훈을 잊지 말자!

매너가 사람을 만든다

Manner makes man!

성공한 덕후 - 성장의 원동력

처음은 언제나 기억에 남는다. 첫눈, 첫사랑, 첫 키스, 첫 경험처럼 로맨틱하고 섹슈얼한 단어들뿐만 아니라 처음 산 스마트폰, 처음 떠난 해외 여행지 혹은 내 인생에서 처음 만난 연예인까지 모두 그러하다. 요즘은 예전에 비해 연예인들을 마주치거나 만나게 될 경우가 매우 잦지만, 방송 일을 시작하기 전 고향 '통영'에서의 나는 연예인과 마주하는 게 가문의 영광일 정도로 어려운 일이었다. 그랬기에 혹여나 고향에 드라마, 영화 촬영 팀이 내려오면 배우들의 미소와 손 인사 한번을 받기 위해 촬영장 주변을 얼쩡대거나 자진해서 심부름거리를 찾아 나서기도 했다.

2002년의 어느 날, 초등학생 티가 아직 남아 있는 촌스럽고 호기심 많은 중학교 1학년 때였다. 고등학교를 다니고 있던 큰 언니들의 정보에 의하면 고향 통영에 〈순수의 시대〉라는 SBS 드라마 촬영 팀이 몇 주간 머무르게 될 거라는 것이었다. 휴대전화도, SNS도 없던 시절이었지만 전날 어떤 장소에서 촬영이 진행되었는지에 대한 소문은 하룻밤 사이 동네방네 퍼졌다. 그 소문을 들은 통영 사람들은 대표 축제 '한산대첩'만큼이나 떼를 지어 다니며 연예인들을 관망觀望했다. 많은 인파와 구경꾼을 통제하는 촬영 팀 때문에 연예인은 구경도 못한 채 아쉬움만 토로하던 나에게 말도 안 되는 기적이 일어났다! 친하게 지내던 동네 친구의 집이 드라마 촬영지로 확정된 것이다!

그 친구는 집에 있는 꿀단지를 자랑하듯 내게 촬영을 함께 보러 가겠느냐 물었다. 그 당시 주인공이던 여배우 '김민희' 씨의 얼굴이 CD보다 작다는 둥, 남자 배우 '고수'가 웃을 때 얼굴에서 빛이 난다는 둥의 목격담을 듣기만 했던 내가 안 갈 이유는 전혀 없었다. 밤샘 촬영이었음에도 나는 부모님을 설득했고, 무조건 봐야 한다는 비장한 각오로 친구를 따라나섰다. 어려 보이는 집 주인의 자녀들이 잠도 안 자고 밤샘 촬영을 구경하는 것이 귀엽기도 하고 우스웠는지 '고수' 씨는 촬영이 중단될 때마다 우리에게 말을 걸어줬다.

나의 이름을 물어봐주었고, 차가운 밤공기에 감기 걸리지 않을까 걱정도 해줬으며 무!엇!보!다! 내 머리를 몇 번이나 쓰다듬어줬다! 밤새 꺅꺅 거리며 온 동네를 뛰어다니던 나는 커서 '고수'와 결혼하겠다며 '고수앓이'를 한 적이 있었는데, 10년 후 고향 친구에게 놀라운 소식을 듣게 되었다.

"내 친구 배우 고수랑 결혼한대."

10년을 잊고 살았지만 궁금한 마음에 그녀에 대해 이것저것 물어보니 통영 사람은 아니었다. 친구의 입에서 '고수' 씨의 결혼 이야기를 들으니 짝사랑하던 남자를 떠나보내듯 만감이 교차했다. 나와 동갑인 그 예비 신부님에 대한 부러움과 중학교 1학년이던 내가 벌써 결혼을 운운할 나이가 되었다는 서러움까지. 그렇게 나는 내 상상 속의 결혼 상대 '고수' 씨를 홀연히 떠나보냈다. 친구 집 옥상에서 밤새 연예인을 구경하던 나는 자라난 키만큼 짝사랑하는 연예인도 다양하게 변화해갔다.

그중 내 인생의 두 번째 짝사랑 상대는 2004년 방송된 드라마 〈파리의 연인〉의 박신양 님이었다. 전체 20부작인 드라마를 10번이나 넘게 반복해서 봤던 나는 대사를 외우는 것뿐 아니라, 헤어 나올 수 없는 상사병에 빠지기도 했다. 내 인생의 죽기 전 이루어야 할 버킷리스트 중 하나가 바로 그분과의 영접이었으니 박신양 선배님과의 첫 만남은 내 주변인들에게도 엄청난 빅뉴스였다. 옷깃만 스쳐도 소원이 없겠다던 나에게 선배님과 함께 콘서트 무대에 오를 수 있는 기회가 찾아온 것이다. 함께한 시간 동안 카카오톡 메시지를 주고받았고 자주 밥을 먹었으며, 등산도 갔다. 땅을 밟고 서 있어도 하늘을 나는 기분이란 게 어떤 것인지 그때 처음 느껴보았다. 나는 진정 성공한 덕후(일본어 오타쿠를 한국식으로 발음한 '오덕후'의 준말)였다.

한 분야에 지나치게 집중하거나 집착하는 사람, 혹은 마니아 이상의 열정과 흥미를 가지고 있는 사람을 뜻하는 '오덕후'라는 신조

어가 있다. 단어 자체에서 풍기는 부정적 아우라를 완전히 배제할
순 없지만 누군가를 광적으로 사랑하는 사람은 아무도 사랑하지
않는 사람보다 더욱 건강하다. 사랑하는 마음에는, 그 사람을 위해
내가 기꺼이 변화하고 싶어 하는 긍정적 본능이 숨어 있기 때문이
다. 무언가를 마음에 품으면 스스로 성찰하게 되고, 자연스레 성장
하게 된다. 그런 열정 없이 이룰 수 있는 일은 없다. 그러니 짝사랑
이라도 좋다. 절대 이루어질 수 없는 존재라 해도 괜찮다. 지금 내
마음속에 '사물'이나 '사람'에 대한 애정이 부재하다면, 반드시 찾
아 나서길 바란다. 그 애정은 당신의 꿈이 무럭무럭 자랄 수 있도
록 성장 촉진제 역할을 해줄 것이다.

진정한 사랑은
영원히 자신을 성장시키는 경험이다.
_M. 스캇 펙

좋은 게 좋은 것이 아니고,
나쁜 게 나쁜 것도 아니다

어느 날 KBS 개그우먼이자 자칭 행사계의 여왕으로 전국을 활보하고 있는 '조승희' 언니로부터 전화가 왔다.

"혹시 행사하면서 재밌었던 일화 없어? 에피소드나 경험담 같은 거?"

그녀는 KBS에서 '행사의 신'이라는 콘셉트로 시작되는 신규 프로그램 회의 때문에 계속 작가님들과 아이디어 구상 중인 듯했다. 누군가로부터 정보를 얻기 위한 전화를 받았으니 머릿속으로 다양한 사건, 사고가 떠올라야 될 것 같은데 딱히 파안대소破顔大笑할 만한 에피소드가 기억나지 않았다. 마이크를 처음 잡았을 때의 실수담, 각종 데뷔 무대의 떨림, 난처했던 경험담 등등을 돌이켜보니 지난날의 나는 정말 다양한 곳에서 긴장감과 싸우고 있었다.

첫 실패는 고등학교 때의 일이다. 전교생 앞에서 교내 골든벨을 진행하는데 힌트를 주려다가 실수로 정답을 이야기해버린 것이다. 가까스로 위기를 넘기고 잘 마무리 되었지만, 전교생 앞에서 너무나 창피했고 스스로가 용납되지 않아 무대 뒤에서 펑펑 울며 소리쳤다.

"나 이제 두 번 다시 마이크 안 잡아!"

그렇다. 두 번 다시 마이크를 잡지 않겠다며 펑펑 울던 내가 이 일을 업으로 삼게 될지는 하늘도 모르고 땅도 몰랐다. 한번 무대의 희열을 맛 본 사람은 인생을 돌이킬 수 없다고 했던가. 나는 또 다시 가족 행사인 첫째 조카 돌잔치의 사회를 맡게 된다. 돌잔치 진행은 처음이라 분위기에 맞는 음악도 직접 준비하고, 멘트에 대한 고민도 하며 설레는 마음으로 그날만을 기다렸다. 긴장될 때는 오히려 맥주 한 잔이 더 도움될 거라며 아버지께서 건네주신 맥주를 꼴딱 삼킨 후 당당하게 마이크를 잡았다. 그러나 언제나 세상은 내 마음 같지 않았다. 진한 사투리와, 내 생각처럼 나오지 않는 멘트, 굳어버린 시선과 동선, 복잡하게 얽혀서 선곡조차 힘들었던 음악들까지…… 그야말로 총체적 난국이었다. 멋진 데뷔를 상상하며 남동생에게 동영상을 찍어달라고 요청했는데 10분 정도 찍던 남동생은 다음과 같은 명언을 남기고 동영상 버튼을 꺼버렸다.

"야…… 진짜 형편없다. 이거 끈다."

그 이후 또 다른 가족 모임에서 구겨졌던 자존심을 회복했지만 그날의 흑 역사는 아직도 내게 웃픈(웃프다: '웃기다'와 '슬프다'의 합성어) 에피소드 중 하나로 남아 있다. 어느덧 마이크 잡은 지 10년 차, 이젠 못한다는 비난보다 잘한다는 칭찬이 익숙하다. 하지만 어디 실패가 내가 앞서 말한 것들뿐이겠는가? 한국어 진행 첫 데뷔 무대부터, 영어, 중국어 진행까지 나는 꽤 많은 실패를 기록한 경험이 있다.

영어 진행 같은 경우 실력은 미숙했지만 열정만 가득하던 때가 있었다. 문장을 능숙하게 만들지도 못했지만 배짱 하나로 마이크를 잡았던 그때, 담당자로부터 원래 약속했던 금액을 다 줄 수 없다는 통보를 받기도 했다. 뿐만 아니라 가장 근래에 실패했던 중국어 진행은 당일에 대본을 받게 되어 연습시간이 턱없이 부족했는데 그것이 화근이었다. 무엇보다 성조와 발음이 중요한 중국어를 더듬더듬 엉망으로 진행할 수밖에 없었고, 결국 아나운서를 중도에 하차하는 엄청난 굴욕을 겪어야 했다.

언어는 하루아침에 성장할 수 없기 때문에 나는 다른 이들보다 실패를 자주 겪는다. 만족스럽지 못한 결과를 기억하기 싫어서 그 자리를 빨리 도망쳐 나와버리거나, 누군가의 수군거림이 꼭 내 이야기일 것만 같아 식사를 사양하고 이동한 적도 여러 번이다. 가끔은 나란 사람이 세상에서 가장 무능력하게 느껴지기도 하고, 어느 것 하나 제대로 못하면서 욕심만 많다고 자책하기도 한다. 그럴 때마다 나는 실패한 원인들을 노트에 일일이 나열하며 분석했고, 두 번 다시 그 감정을 느끼지 않으려고 노력해왔다. 그럼에도 불구하고 나의 자존감을 갉아먹는 나쁜 생각들이 자꾸만 내 영혼을 좀 먹으려 할 때는 좋은 책을 읽거나 영화를 보며 나를 더 단단하게 만들었다.

그중 파울로 코엘료의 소설 《아크라 문서》에 나오는 다음 문장이 나를 가장 위로하곤 했다.

> "자연의 대순환 속에는 승리나 패배 같은 개념이 없다. 오직 변화가 있을 뿐이다. 이 이치를 깨달을 때 우리 마음은 자유로워질 수 있다."

실패할 때마다 나는 위 문장에 밑줄을 좍좍 긋고, 스스로의 변화를 기다렸다. 언젠가 날씨는 달라질 것이고 나는 더 맑은 날, 따사로운 빛을 쬐며 정상에 오를 수 있을 것이라고 믿으면서 말이다. 실수나 실패에 너무 오랫동안 낙담하지 말자. 실패는 어떤 의미에서 성공으로 가는 고속도로와 같다는 존 키츠의 말도 있지 않은가! 우리는 오류를 발견할 때마다 진실을 열심히 추구하게 되고, 새로운 경험을 할 때마다 신중히 피해야 할 오류를 알게 되기 때문에 상관없다. 좋은 게 마냥 좋은 것이 아니고, 나쁜 게 결코 나쁜 것만은 아니다. 오늘날 당신의 실패와 좌절, 역경과 고난은 자연의 대순환 속에서 그대가 가진 꿈의 밑거름이 될 것이다. 정말 중요한 것은 목적지를 잊지 않고 끝까지 가는 것이다.

좋은 게 마냥 좋은 것이 아니고,
나쁜 게 결코 나쁜 것만은 아니다.
실패는 성공으로 가는 하이패스!

어디로 가야 할지
모르겠다면 그냥 가라

학창시절에 누구나 한 번쯤은 이루어질 수 없는 '대상'을 동경하거나 사모한다. 그 대상은 브라운관을 환하게 비추는 국민 배우일 수도 있고, 땀 흘리는 모습이 누구보다 아름다운 스포츠 스타일 수도 있다. 우스꽝스러운 표정과 몸짓으로 온 국민을 웃게 만드는 개그맨일 수도 있고, 매력을 갖춘 여러 명이 한데 모여 마치 한 사람이 춤추듯 무대를 장악하는 아이돌일 수도 있다. 하지만 시대가 변하는 만큼 동경의 대상도 빠르게 변화한다. 나는 가끔 청소년 강의를 위해 전국 각지의 학교들을 방문하게 되는데, 최근 들어 아이들의 장래희망 혹은 동경의 대상이 '유튜버'라는 새로운 시장을 좇고 있음을 알 수 있었다. 하지만 유튜브 시대가 도래하기 전 1인 미디어는 그다지 인정받지 못했다. 국내 1인 미디어 플랫폼을 오늘날에까지 확대시키는 데 큰 역할을 한 '아프리카TV'도 잦은 사회적 논란으로 네티즌들의 질타를 받기 일쑤였기 때문이다.

이처럼 방송인에게 1인 미디어가 부정적 여론으로 만연할 때, 아끼던 MC 후배 한 명이 선배들의 만류에도 불구하고 BJ 활동을 시작했다. 이유는 다양한 것들이 있었겠지만 그때 당시 휴대전화 너머 그의 목소리로 짐작하건대 아버지의 건강 악화가 가장 큰 이유 중 하나인 것 같았다. 본인이 심적으로 더 힘들었을 텐데도 불구하고 나보다 더 씩씩한 목소리로 나의 안부를 물어주던 그가 서서히 페이스북 페이지에 모습을 드러내기 시작했다. 신입 BJ임에도 능청맞은 입담과 정도를 지키는 젠틀함은 그의 팬층을 더욱 두텁게 만들어갔다. 뿐만 아니라 자신감 넘치는 목소리로 "대한민국 아재개그 넘버원, 임~~~~~다!"라고 외치는 그의 오프닝 멘트는 스스로를 소개하는 시그널이자 유행어가 되었다.

위기를 기회로 거머쥔 위의 주인공은 150만 구독자를 보유한 크리에이터 '임다'의 이야기이다. 그는 '낭중지추囊中之錐(주머니 속에 있는 송곳이란 뜻으로, 재능이 아주 빼어난 사람은 숨어 있어도 저절로 남의 눈에 드러난다는 비유적 의미)'란 말이 참 어울리는 동생이었다. 어느 날 뜻하지 않은 순간을 만나 본인이 설정한 목표에서 약간 벗어나더라도, 스스로에 대한 믿음과 자신감이 충만했던 친구였다. 만약 그가 선배들의 만류에 휩쓸려 1인 방송을 시작하지 않았다면, 우리는 아재개그 넘버원 '임다'를 만날 수 없었을 것이다. 가끔은 이렇게 주변의 조언들이 오히려 누군가의 성장을 방해한다고 느낀다. 나 또한 최근에 그런 경험을 한 적이 있다.

2020년 1월 1일, 조심스러움과 약간의 두려움으로 글을 쓰기 시작했다. '정말 내가 잘 할 수 있을까?'라는 걱정으로 한 장 한 장 채워나갈 때, 나를 티칭해주던 스승님은 어떻게 이렇게 잘 쓰냐며 초콜릿 같은 달콤한 칭찬들을 거듭 반복해주었다. 자신감을 얻은 나는 일주일 동안 거의 매일 밤을 지새우며 신나게 글을 썼고, 이대로라면 충분히 가능성이 있겠다는 희망을 갖게 되었다. 다양한 사람들의 피드백이 필요하다는 조언에 따라 내가 쓴 글을 주변인들에게 보여주었는데, 머지않아 나의 희망들은 자취를 감춰버렸다.

받을 준비가 되어 있지 않던 쓴소리들은 내 의지를 꺾어버렸고, 희망을 쫓아내는 듯했다. 그때 나는 깨달았다. 아마추어는 미세한 충격에도 금방 으스러져버리는 모래성과 같아서 작은 쓴소리에도 쉽게 무너질 수 있다는 것을. 본인이 스스로의 길을 결정했다면 너무 많은 조언과, 비판에 귀 기울이지 않는 것도 좋은 방법인 것 같다. 가끔 선의의 참견들이 누군가의 부푼 꿈을 쉽게 앗아가버리기도 하니까.

연차에 상관없이 비판은 늘 우리를 아프게 한다. 이처럼 누구에게나 비판은 뇌리에 박혀 계속해서 나를 괴롭히고, 칭찬은 금세 잊혀 나를 떠나버리고 만다. 그때 당시 나는 스스로의 부족한 실력을 누구보다 잘 알고 있었기 때문에 자진해서 선배들을 찾아다녔다. 하지만 칭찬만을 기대했던 걸까? 쓴소리를 받아들일 준비가 전혀 되어 있지 않았던 걸까? 막상 현실은 정신을 차릴 수가 없을 정도였다. 사기가 저하되는 정도가 아니라 글 쓰고 싶어 하던 모든 열정과 의욕이 사라져버렸다. '에이, 하던 거나 해야지. 내가 무슨 글이야'라며 놓아버리려 할 때, 아마추어 시절 채찍에 비명 지르던 나를 돌이켜보았다.

10년 전에는 마이크 잡는 것도 두려웠고, 카메라 앞에만 서면 울렁대는 가슴을 주체할 수 없었다. 그랬던 내가 어떻게 지금까지 꿈을 지켜왔을까 천천히 곱씹어보았다. 그때의 나는 나 스스로를 믿는 것, 내 자존감을 지켜내는 일이 가장 중요하다고 생각했다. 어디서 들었거나 봤던 방법인지, 스스로 개발해낸 방법인지는 정확히 기억나지 않는다. 다만 그날 하루 동안 내가 들었던 모든 칭찬들을 노트에 하나씩 적기 시작했다. 이름하여 '칭찬일기'이다. 정말 사소한 칭찬도 놓치지 않고 모두 기록하는 것이다.

'목소리가 좋다.'
'웃음소리가 호탕하다.'
'순발력이 뛰어나다.' 등등

칭찬일기를 쓰면서 가능성을 인정받았던 순간들을 계속 되새기려 노력할수록, 내 안에 자존감 나무가 조금씩 생기를 되찾았다. 이처럼 나조차 나를 신뢰하지 못할 때 타인의 비판은 잠깐 내려놔야 한다. 내가 그 비판을 신뢰하고 수용하는 순간 자연스레 꿈과는 멀어지기 때문이다. 안소니 드 멜로 신부는 칭찬의 과도한 축소, 그리고 비판에 대한 과도한 민감성은 우리 모두의 자아 존중감을

내가 나의 가능성에 자신이 없을 때,
내 꿈이 막연하게 느껴질 땐 칭찬을 천둥같이 듣고
비판을 별똥별같이 흘려보내길 바란다.

시작하는 꿈나무에게 칭찬은 '독'이 아니라,
재생능력이 아주 뛰어난 '약'이 될 것이기에.

상처 입힌다고 말했다. 내가 나의 가능성에 자신이 없을 때, 내 꿈이 막연하게 느껴질 땐 칭찬을 천둥같이 듣고 비판을 별똥별같이 흘려보내길 바란다. 시작하는 꿈나무에게 칭찬은 '독'이 아니라, 재생능력이 아주 뛰어난 '약'이 될 것이기에.

어디로 가야 할지 모르겠다면 그냥 가라.

If you don't know where you're going, just go!

각자무치, 뿔을 가진 동물에게는
날카로운 이빨이 없다

———

나는 '각자무치角者無齒'라는 말을 좋아한다. 뿔을 가진 동물에게는 날카로운 이빨이 없다는 뜻으로 한 사람이 모든 복을 받거나 재주를 갖추기는 어렵다는 것을 말한다. 평소 인터뷰이보다 인터뷰어로서 본업에 임하는 경우가 많은 나는 다양한 사람들을 만날 기회가 비교적 많다. 가수, 배우, 개그맨, 작가, 정치인, 아나운서, 스포츠 스타 등등 각 분야에서도 특출한 유명인들과 종종 일하다 보니 인터뷰 전후의 상대 이미지가 그날의 분위기에 따라 달라짐을 알 수 있었다. 짧은 인터뷰 시간 동안 누군가를 판단하는 것은 매우 경솔한 일이지만 기대보다 훨씬 괜찮았던 사람 혹은 생각보다 비인간적이라 실망스러웠던 사람 두 부류로 나눠졌다.

브라운관에서는 예상할 수 없었던 사소한 배려들이 느껴져 작업이 끝난 후에 팬이 된 경우도 있고, 무례함이 상상을 초월하여 인터뷰 후 정이 뚝(!) 떨어진 경우도 많았다. 누군가 내게 상상했던 이미지와 만난 후의 실체가 가장 다른 사람이 누구냐 묻는다면 과감 없이 신화의 앤디 '이선호' 님이라 이야기할 것이다. 그를 만나기 이전에 내게 그를 떠올리는 수식어는 단 두 가지였다. 1세대 비글돌로 유명한 소속 그룹 '신화'와, 예능 필살기였던 그의 사랑스러운 '하트 춤'이다. '신화' 내에서도 막내를 담당하고 있고, 예능에서도 귀여운 눈웃음과 애교스러운 모습을 많이 보여준 탓에 그에게 마초적인 느낌은 상상할 수 없었다. 그러나 그를 대면했을 때 가장 먼저 든 생각은 '방송 이미지보다 훨씬 남자답네?'와 '매너 있다'였다.

익살스러움과 장난기 가득한 표정은 TV에서 늘 보던 모습이라 익숙했지만 진중하고 깊이 있는 그의 모습은 가수 '이선호'가 아닌 사업가 '이선호' 대표의 분위기를 느끼게 해주었다. 이 글을 읽는 누군가는 당연히 이런 질문이 떠오를 것이다.

"신화 앤디가 무슨 사업을 했어?"

나 또한 그의 다양한 사업 이야기를 듣자마자 사업을 해본 적이 있냐는 질문이 가장 먼저 튀어나온 걸 보면 사람들이 누군가를 판단하는 편견의 시작과 관점은 비슷비슷하다. 교포, 사랑받은 막내, 샤이 가이 등이 바로 그를 상징하는 단어들이다. 그가 갖고 있는 모든 이미지들은 어쩌면 시청자들에게 아르바이트 한 번 해본적 없는 부잣집 막내아들 같은 교집합을 만들어주었을 것이다. 팬의 입장이자 시청자의 입장으로 그의 행보에 대해 질문하기 시작했다. 사업에 원래 관심이 있었는지, 혹은 어쩌다 사업을 시작하게 되었는지 이것저것 캐묻는 나에게 그는 담담하게 대답했다.

"나는 각자 개성이 뚜렷한 멤버들 사이에서 항상 내가 가장 잘하는 걸 찾아야 했어요."

그의 대답을 듣는 순간 나는 생각했다. 끊임없이 본인이 잘하는 것에 대해 질문하고, 찾아 헤매는 사람은 결국 사막에서 오아시스를 발견하듯 자신의 장점과 마주할 수 있다는 것을. SNS로 세상을 바라보고 판단하는 현 세대의 우리는 남과 '비교'하려 하지만, 스스로 '발견'하려고 하지는 않는다. 출발선이 다르다고 단정 짓거나, 내 상황이 되면 모두 다 그럴 것이라며 자기 합리화해버리기 때문이다. 하지만 모두에게는 본인만이 갖고 있는 치명적인 무기가 존재한다. 누군가를 매료시키고, 무언가에 반짝이는 빛을 만들어내는 나만의 강력한 무기.

나는 가수 '앤디'이자 사업가 '이선호' 씨가 그것을 한순간에 발견했다고 생각하지 않는다. 끊임없이 고민하고 갈구한 끝에 얻어낸 스스로의 강력한 무기이자 가치였으리라. 다른 멤버들에게 날카로운 치아가 있을 때, 그는 마냥 바라보며 부러워하지 않았을 것이다. 그에게는 더 멋진 뿔이 숨어 있다는 것을 증명해 보이려 노력했을 것이고, 타인의 날카로운 치아를 시기하거나 질투하지도 않았을 것이다. 나는 잠깐이지만 그와의 대화를 통해 '각자무치'의 정신을 다시 한 번 깨달을 수 있었다. 그리고 나의 무기는 무엇인지 깊이 생각해보았다.

각자무치, 한 사람이 모든 재능을 가질 수 없듯이
누구에게나 강력한 무기가 있다는 것을 잊지 말 것.

Chapter 2

아직 꿈을 이루기에는
이른 순수한
소년기

혜선스님 "돈을 쫓지마라. 좋아하는 일 오래 하다보면 돈은
　　　　　자연스레 따라온다."
나 "좋아하는 일, 오래 하고 싶은 일이 뭔지 잘 모르겠어요."
혜선스님 "명예와 부를 제외했을 때도 이루고 싶어서
　　　　　눈에 아른거리는 일이지. 네가 하고 싶은 일이
　　　　　생길 때마다 자문해봐."

주변인들의 말에 쉽게 흔들리고, 휩쓸리던 나에게 이모의 말씀은
나침반과 같았다. 결국 내 꿈을 그리는 기초작업에 그녀의 말 한마디가
단단한 뼈대 역할을 해준 셈이다.
물론 누군가는 '성공'의 원리와 '돈'의 원리는 같아서 돈을 쫓다보면
성공이 보인다고 말하고 있다. 그 말도 충분히 일리가 있지만,
남녀노소를 막론하고 돈만 쫓는 일은 상당한 위험이 따른다.
'돈'이나 '재물'에 대한 욕망에는 한계가 없기 때문이다.

**돈으로 환산할 수 없는 당신의 '꿈'과 '열정'을
헐값에 넘겨버리지 마라.**

당신의 '시'는
어떤 것이 될까?

2019년의 마지막 일요일을 장식하던 12월 29일, "딸 뭐해?"라고 묻는 어머니의 귀여운(?) 이모티콘 메시지가 도착했다. 아늑한 침대에 누워 〈연예대상〉을 보고 있다고 회신한 후, 어머니는 뭐 하고 계시는지 되물어보았다. 나와 다르지 않게 〈연예대상〉을 보고 있다는 답신에 괜스레 미안한 마음이 들었다. 10년 넘게 방송하겠다며, 카메라를 쫓아다니는 자녀의 부모라면 지금 브라운관을 보면서 어떤 생각을 할까 궁금함과 동시에 송구스러움이 일었기 때문이다. 더 열심히 해서 수상의 영광을 어머니께 돌리겠다는 나의 메시지에 그녀는 "지금도 최고!"라는 답장으로 나를 응원해주셨다.

순간 내가 부모님께 마지막으로 전해드린 '상장'이 무엇이었을까 호기심이 생겼다. 명확하게 떠오르진 않았지만 크고 작은 몇몇 수상 장면들이 빠르게 스쳐 지나갔다. 우선, 나는 다른 형제들에 비해 꽤 많은 상을 받았다. 따로 수집하거나 모으진 않았지만 본가

本家에는 아직도 나만의 상장 서랍이 존재한다. 잃어버리고, 훼손되고, 낡게 변조된 것들을 제외해도 그 정도니 꽤 많이 받았다고 자부할 수 있다. 하지만 내가 초등학교 때부터, 대학교에 입학하기 전까지 12년간 꾸준히 재주를 인정받은 것은 오직 글쓰기밖에 없었다.

바야흐로 23년 전, 초등학교 2학년 때의 일이다. '국어' 선생님이면서 우리 학급의 담임을 맡았던 '정양순' 선생님은 매일 같이 학생들에게 '일기 쓰기' 숙제를 내주셨다. 아침에 일어나서 겨우 눈 뜨고, 학교 왔다가, 집에 가는 것밖에는 기록할 것이 없던 만 8년의 인생에 '일기'란 곧 '노동'이었다. 특별한 것을 보고, 느끼고, 경험했다고 말하고 싶지만 저학년의 일상은 심히 단조롭기에 자랑할 거리가 딱히 없었다. 하루하루 반복되는 내용의 패턴들이 지루하게 느껴졌던 나는 잔꾀를 부리기 시작했다. 대충 서너 줄 쓴 일기로 선생님께 혼나는 것보다는 나만의 세계와 이야기가 담긴 '시'를 써서 제출하는 것이 좋겠다고 판단한 것이다.

한글을 배운 지 1년 남짓 된 아이가 표현할 수 있는 단어가 얼마나 있겠냐마는, 그동안 배웠던 언어들을 예쁘게 배열하거나 포장하려고 노력했던 것 같다. 비가 왔던 날에는 그날의 '분위기'에 대해, 처음 보는 곤충을 만졌을 때는 '촉감'에 대해, 친구들과 마주한 날에는 그 순간의 '감정'들에 대해서 적어나갔다. 직접적으로 서술하는 장문의 일기 형식보다는, 은유적이면서 함축적인 의미들을 담아서…… 어느덧 월요일 아침! 공개적으로 일기장을 검사하는 날이 되었다.

매우 심장이 뛰고, 긴장되었다. 왜냐하면 시를 쓰거나, 그림을 그려도 좋다는 선생님의 사전 허가가 전혀 없었기 때문이다. 빼곡하게 노트를 채운 일기가 아닌, 듬성듬성 쓰인 시를 제출하는 나의 간사한 꾀를 눈치 채셨을까 곁눈으로 슬쩍슬쩍 선생님을 훔쳐보았다. 심오한 표정 끝에 몇 마디 칭찬을 건네던 선생님의 모습에 나는 안도의 숨을 내쉬었다. 혼나지 않은 것만으로 충분히 성공적인 하루였기 때문이다. 하교 후, 또다시 일기를 써야 했기 때문에 펼쳐 든 노트에는 붉게 새겨진 선생님의 첨언이 강렬하게 빛나고 있었다.

"다른 학생들에 비해 감수성이 풍부하며, 시 쓰는 능력이 매우 뛰어난 학생입니다. 학부모님께서는 계속해서 아이가 시를 즐겨할 수 있도록 지도 편달해주시기 바랍니다."

최근 〈죽은 시인의 사회〉라는 고전 영화를 보았다. 많은 이들이 손에 꼽는 명작이기에 대부분의 독자들이 이미 봤을 거라 짐작한다. 그럼에도 혹시 아직 접하지 못한 이가 있다면 꼭 추천해주고 싶다. 이 영화는 아이비리그 진학률이 75%가 넘는 미국의 명문 아카데미 학생들의 이야기이다. 입시 경쟁을 위해 숨 막히는 교육을 이수하던 이들에게 Carpe diem!카르페 디엠(지금 살고 있는 현재 이 순간에 충실하라는 뜻의 라틴어. 우리말로 '현재를 잡아라', 영어로는 'Seize the day' 또는 'Pluck the day'로 번역될 수 있음)을 외치는 선생님 존 키팅 (로빈 윌리엄스 분)이 나타난 것이다. 그는 '시'에 무관심하던 학생들을 모아놓고 다음과 같이 전한다.

> "인류는 열정으로 가득 차 있기에 의학, 법률, 경제, 기술 따위의 영역이 삶을 유지하는 데 꼭 필요해. 하지만 시와 미, 낭만과 사랑은 우리 삶의 목적인 거야."

무한 경쟁 시대에 살고 있는 우리는 늘 시간에 쫓긴다. 따라서 매일 일기를 쓰거나, 시를 읊는 행위는 소위 '한량'이라 불리는 사람들에게나 어울린다고 느낄 수도 있다. 하지만 괴테의 말처럼 우리는 매일 조금씩 고운 음악을 듣거나, 훌륭한 그림을 감상해야 한다. 아름다운 예술을 경험하고, 시 한 편을 입술 위에 올릴 줄 알아야 한다. 일상에 쫓기며 표면적인 성취에만 몰두하다 보면 신이 우리 영혼에 심어주신 아름다운 감각들을 놓치게 되기 때문이다. 그날의 일과를 멋진 문장으로 기억하거나, 아름다운 시로 지친 영혼을 달래보자. 영혼을 성장시키기 위해 부단히 노력하고 애쓴 자의 삶은 자연스레 멋진 '시'와 닮아갈 것이다.

'화려한 연극은 계속되고, 인간은 또 한 편의 시가 된다.
여러분의 시는 어떤 것이 될까?'

완물치지,
가지고 놀다 보면
결국 앎에 이른다

나는 가끔 인생의 '행복 총량'이 정해져 있듯, '학업 총량'도 정해져 있는 게 아닐까 생각한다. 19년을 공부와 담 쌓고 살았던 내가 스무 살 이후로는 오로지 공부만 생각하며 살고 있으니 말이다. 지금은 주변인들이 만류할 정도로 밤낮 없이 학문에 에너지를 쏟지만 사춘기를 심하게 앓던 시절에는 공부하는 시늉조차하기 싫어했다. 책이란 건 읽어본 적이 없었고, 시험기간에도 친구들과 어울려 놀러 다니기 바빴다. 더더군다나 시험지가 내게 도착하기도 전에 OMR카드에 불꽃속도로 정답을 찍어낸 후 엎드려 자버리는 경우도 허다했다.

그러던 내가 갑자기 공부에 욕심내게 된 건 딱 두 가지 이유였다. 첫째는 호기심이 생기는 전공을 잘 만났기 때문이고, 둘째는 끊임없이 '배움'의 가치를 상기시켜주는 어머니의 말씀을 잘 들었기 때문이다. 나의 모친이신 '이상연' 여사님은 배움의 힘을 믿는 분이었다. "배우지 않는 자는 평생 어둠 속을 캄캄한 상태로 걷는 것과 같다"고 이야기 하셨고, "사람은 아는 만큼 보인다"고 알려주셨다. 19년 동안 공부를 싫어했으니 희망이 없다고 지레 판단할 법도 한데, 소귀에 경 읽기라는 걸 알면서도 절대 나를 포기하지 않으셨다.

하지만 여타 어른들처럼 천편일률적인 시험점수, 전교 등수와 같은 숫자에는 도통 관심이 없었다. 그 흔한 잔소리와 사랑의 몽둥이도 없었고, 강요 또한 하지 않았다. 다만 내가 평생 공부해야 하는 이유를 스스로 발견할 수 있도록 회유誨諭해주셨다. 어머니는 늘 그런 식이었다. 내가 나쁜 친구와 어울리려 할 때, 늦잠을 자려 할 때, 남매들과 험한 말을 주고 받으려 할 때도 좋은 것을 강요하고 간섭하기보다는, 늘 더 나은 방향을 향해 스스로 나아가게 하셨다. 그 기다림은 결국 내가 나의 삶을 찾아가고 결정하는 데 있어 가장 큰 영향을 미쳤다.

조금 창피한 이야기지만 고등학교 졸업 할 즈음 나의 자신감은 하늘을 찔렀다. 초, 중, 고의 학교 무대들은 이미 모두 섭렵했고, 기회가 생길 때마다 경상도에서 주최하는 청소년 대회에 나갔다. 혼자 콩트나 개인기를 준비해서 무대에 올랐고, 운이 좋게도 나갈 때마다 수상을 했다. 나에게 공부는 필요 없는 일 혹은 시간 낭비같이 느껴졌다. 대학을 가지 않고 바로 현실에 뛰어들어도 충분히 잘 할 수 있다는 교만함으로 가득 찬 나를 진학시킨 건 어머니가 건넨

말의 힘 덕분이었다.

"저 대학교 안 갈래요. 비싼 등록금만큼 배우는 게 없을 것 같아
요."
"대학大學이라는 곳은 가방 메고 학교 가서 하루 종일 자다가,
다시 가방 메고 집으로 향하는 발걸음에서조차 배울 게 있는 곳
이라고 했다. 네가 그곳을 가보지도 않고 어떻게 섣불리 판단할
수 있겠니?"

나는 이처럼 어머니의 말들이 지닌 힘을 통해 대학에 입학할 수
있었다. 물론 고등교육 이상의 단계가 무조건적인 정답은 아니며,
대학을 입학했다고 해서 모두 다 공부에 재미를 찾는 것은 아니다.
나 또한 단숨에 공부에 대한 재미를 느끼거나, 쉽사리 열정을 찾아
낼 순 없었다. 익숙하지 않았고, 자연스럽지 않았지만 재밌는 것부
터 하나씩 즐기려 노력했다. 즐기다 보니 앎에 이르렀고, 알게 되
니 보였으며, 보이게 되니 좋아지기 시작했다. 1년, 2년 해를 거듭
해갈수록 나는 다양한 것들을 좋아하게 되었고, 덕분에 삶을 대하
는 태도가 훨씬 여유로워졌다.
내가 좋아하게 된 다양한 것들 중 으뜸은 바로 '언어'이다. 언어
를 요리조리 갖고 놀다 보니 그 나라 사람뿐 아니라 문화, 역사까
지 자연스레 알고 싶어졌다. '호기심'은 놀이가 되고, 나아가 '교육'
이 되었다. 하지만 여기서 내가 나의 대학시절을 통해 전하고자 하

는 본질은 외국어 스펙, 학업 성적, 학벌과 같은 세속적 가치가 아니다. 오히려 진정한 교육의 가치에 대해 이야기하고 싶다.

훈민정음 창제 당시 이를 반대하던 신하들이 글을 배운다고해서 백성들이 교화되겠느냐며 반론을 제기할 때, 세종대왕은 역정을 내며 반박했다고 한다. 백성의 천품은 교육으로 충분히 교화될 수 있다고 믿었기 때문이다. 이처럼 나도 나의 경험을 통해 '교육'이 사람을 변화시킬 수 있다는 말을 꼭 하고 싶었다. 공부는 스스로를 돌아보게 하고, 만물萬物에 대해 고민하게 한다. 지독하게 골머리를 싸매며 내 꿈을 찾아 나서기 이전에, 사소한 것에도 재미를 찾고 연구를 시작해보자. 여러분의 '꿈'이 허겁지겁 쫓아올 것이다.

완물치지玩物致知,
가지고 놀다 보면 결국 앎에 이른다.

나는 나의 가능성에 대해
잘 알지 못한다

나는 에너지가 많은 사람이다. 체력이 좋다거나, 몸에 열이 많다거나, 육체 및 건강상태를 나타내는 문제가 아니라 어떤 것을 실행할 때 온전히 그것에 몰입하고 미쳐서 해야만 제대로 했다고 만족감을 드러내는 성향의 사람이다. 예를 들어, 중요한 업무를 맡을 때 에너지를 잘 배분하거나, 쪼개어 적당량은 나를 위해 남겨두기보다는 내 몸 하나가 쓰러져버린다한들 밥 안 먹고, 잠 안 자며 그일을 성공시키기 위해 스스로를 활활 태워버려야 직성이 풀리는스타일이다. 누군가는 그게 그럴 만한 가치가 있는 일인지, 적절한 보수를 받는 일인지 물어보기도 하고 이해할 수 없다는 표정을 짓지만 내가 성장할 수 있는 일이라면 내겐 그 모든 게 충분히 가치 있는 일이었다.

우리 아버지는 막내딸인 내가 하는 일과, 내가 만나는 주변인들에 대해 관심이 많다. 딸의 불꽃같은 에너지를 잘 아는 분이라, 가끔 내가 밤새워 번역하거나 일할 때 끼니 거르는 걸 대수롭지 않게 여길 때면 혀를 끌끌 차며 걱정하신다. 하지만 결국 최선을 다해 좋은 성과를 얻어내는 나를 늘 자랑스러워해주시고, 더 잘할 수 있도록 응원하고 독려해주셨다.

하지만 2019년 6월, 내겐 너무 과분한 섭외가 들어왔다. 중국어는 겨우 중급 수준이라 동시통역할 실력은 되지 않는데 영어, 중국어, 한국어를 동시에 사용해야 하는 국제 행사의 아나운서 자리였다. 그 일을 수락하기 전 내가 잘 할 수 있을 것인가에 대해 진지하게 고민했다. 욕심 내지 않고 내가 정말 적임자인지, 잘 해낼 수 있을 것인지 고민해봤지만 아무리 생각해도 정답은 NO였다. 섭외한 감독님께 전화해서 중국어 동시통역이 안 되는 내가 중요한 행사를 망칠까 두렵고 사실 확신이 잘 서지 않는다고 했다. 스스로를 의심하는 나보다 더 나를 신뢰하던 감독님의 대답은 단호하고 명쾌했다.

"들희 씨, 저 사람 보는 눈 하나로 여기까지 왔어요. 오들희 씨 아니면 이 일 해낼 사람 없습니다. 저 믿고 한 번 같이 해봐요."

부족한 나를 믿고 지지해주는 그녀에게 일순간 감사한 마음과 동시에 실망시키고 싶지 않다는 욕심 같은 것이 생겼다. 나는 평소대로, 그간 해왔던 대로 그 일을 위해 에너지를 쏟고 또 쏟았다. 장시간 진행되는 행사였기에 중국어 번역은 며칠 밤을 지새운 후에

나의 한계를 시험하는 '어려움'이야말로,
나의 성장을 돕고 촉진한다.

'유혹'의 메시지들은 과감하게 무시하고,
'어려움'의 메시지들에 좀 더 집중해보자.
'고난'과 '성장'은
떼려야 뗄 수 없는 관계이기도 하니까!

야 완성되었고, 매일같이 중국어 선생님을 만나 발음교정을 받아야 했다. 안 그래도 바쁜 5월을, 비몽사몽 잠에 취해 버텨내는 내게 아버지의 천둥 같은 전화가 걸려왔다.

"사람이 불가능한 일에 욕심내다 보면 화를 면치 못 하는 법이다. 감독님께 전화드려서 역량 부족이라 못 할 것 같으니 적임자를 찾으시는 게 좋겠다고 제안해보거라."

"난 할 수 있어요!"라고 큰소리치고 싶었지만 정말 역량 부족이었다. 번역본만 100페이지가량 되는 한, 중, 영 대본도 벅찼지만, 대본에 없는 부분은 온전히 동시통역으로 진행해야 하니 엄청난 위험을 혼자 감수해야 했다. 나 스스로도 부족함이 느껴졌지만 아버지의 조언도 힘을 더해 다시 한 번 감독님께 전화를 했다. 못할 것 같다는 나의 단호함에도 불구하고 감독님은 요지부동이었다. 나 스스로를 믿지 못하겠다면 감독님을 한번 믿어보라는 회유의 말만 남긴 채 전화를 끊었다. 주사위는 던져졌고, 행사는 끝났다. 과연 결과는 어땠을까? 믿을 수 없을 만큼 성공적으로 끝났다. 뿐만 아니라 그 덕분에 더 다양한 기회들이 나를 뒤이어 쫓아왔다. 두려움에 눈이 멀었던 나는, 타인도 신뢰하는 나의 가능성을 전혀 알지 못했던 것이다.

그때의 일을 계기로 나는 더욱더 '고난' 후 오는 '성취'의 맛에 매료되었다. 어려움 속에는 성장을 위해 기꺼이 애써주는 힘이 숨어 있기 때문이다. 어려움을 사랑하기 때문에 늘 쉬운 것에 안주하기보단 싸워서 이겨내려고 노력했고, 그 결과 나는 언제나 조금씩 성장해왔다. 이처럼 크고 작은 '어려움'에 봉착할 때마다 내 스스로를 다잡는 주문이 필요했는데, 그 주문은 매우 단순하고 뻔뻔했다.

"괜찮아. 망쳐도 내가 망쳐."

최선을 다해 잘 해낼 생각을 해야지 일을 그르칠 생각 먼저 하는 부정적인 사람처럼 보이겠지만, 두려움 앞엔 장사가 없다. 어차피 내 역량은 내가 알고 있고, 그 수준을 단기간에 확 끌어올리지 못한다면 정신을 완전히 무장하는 수밖에 없지 않겠는가! 너무 어려워서 누구도 소화하지 못할 일이라면, 실패도 내가 하고 망신도 내가 당하면서 스스로 배우고 깨닫겠다는 의지로 자가 최면을 거는 메시지인 셈이다. 난 이처럼 쉬운 것을 지양한다. 안정적이고 편안하고 나의 에너지가 적게 소모되는 일, 식은 죽 먹기, 누워서 떡 먹기 같은 것들 말이다.

고되고 힘들고 지치고 가끔은 눈물이 왈칵 쏟아져 나올 만큼 나의 한계를 시험하는 '어려움'이야말로, 나의 성장을 돕고 촉진한다. 이것은 언어를 공부할 때도 마찬가지다. 가장 기초적인 언어의 입문책이 완벽히 이해되지 않아서, 계속 입문에 머무른다면 다음 단계로 넘어 갈 수가 없다. 완벽하진 않지만 계속해서 초급, 중급, 고급 단계로 나아가 어려움의 책을 펼쳐 들었을 때만이, 방언 터지듯 입과 귀가 틔는 만족의 단계로 상향上向할 수 있다. 이해할 수 없었던 입문 책들을 실력이 향상된 후에 다시 펼쳐보면 누구나 비슷한 감정을 느낀다. '내가 이렇게 쉬운 걸 어려워했었단 말이야?', '너무 쉬운 내용인데 왜 이걸 몰랐지?' 하며, 우쭐한 마음과 창피한 마음이 동시에 일게 되는데 그 일련의 과정이 바로 성장의 증거가 된다.

요즘은 세상의 다양한 기호記號들이 작은 것에 만족하라고 우리를 유혹한다. 인생은 한 번뿐이라는 '욜로YOLO(You Only Live Once) 라이프족'이나 소소하지만 확실한 행복을 추구하며 살자는 '소확행', 사회 경제적 상황 때문에 연애, 결혼, 취업, 희망 등을 포기하는 세대라는 뜻의 'N포 세대'의 신조어들이 그러한 경향을 드러내는 대표적인 말이다. 이러한 단어들이 유행하는 것은 노력한다고 해서 성공이 보장되지 않는 사회 구조적 현실로부터 오는 청년들의 '현실 자각 타임'이자, '단념' 때문일 것이다. 하지만 우리나라의 미래라고 할 수 있는 2~30대 청년들이 눈앞의 작은 행복에만 만족하고 안주하다 보면, 대한민국의 미래는 암담할 수밖에 없다.

사소한 것 같지만 우리가 일상에서 접하는 텍스트나 흡수하는 매체의 영향력은 엄청나다. 우리의 무의식을 바꿔나가고, 습관을 변화시켜 결국 삶의 전체 방향을 흔들어놓기 때문이다. '뭘 그렇게 아등바등 살아. 대충해'라는 '유혹'의 메시지들은 과감하게 무시하고, '지금 힘들다면 잘 하고 있는 것'이라는 '어려움'의 메시지들에 좀 더 집중해보자. '고난'과 '성장'은 떼려야 뗄 수 없는 관계이기도 하니까!

당신은, 당신의 가능성에 대해 전혀 알지 못한다.

격렬하게 즐기고,
격렬하게 쉬어라

축구는 나에게 있어 취미가 아니라 인생 스포츠다. 체구도 작고 달리기도 느렸지만 하고 싶은 마음만은 누구보다 간절했던 초등학생시절의 나는 매일같이 킥 연습을 했다. 단단한 벽에 인사이드로 한 번, 아웃사이드로 한 번. 해 질 때까지 킥 연습을 하고 있으면 아버지께서 데리러 오셨다가 짧은 코칭을 해주시곤 했다. 잘하지는 못했지만 좋아한다는 이유만으로 꾸준히 연습하다 보니 발목에 힘이 생겼고, 그렇게 심사를 통해 여자축구부 선수로 활동을 시작할 수 있었다.

땀을 뻘뻘 흘리며 방과 후 연습해야 했던 고된 시간들도 내게는 축구부에게만 주어진 특권같이 느껴졌다. 체전 기간에 맞춰 특별히 섭외된 축구부 코치 선생님의 특별 훈련도 받고, 실력이 나날이 늘어가는 것 또한 내게는 금상첨화였다. 여자가 축구를 좋아하면서 잘하는 경우가 희박하다 보니 중·고등학교에 입학해서도 내게는 우선 선발권이 주어졌다. 축구부였던 학생들이 먼저 선발이 되고 여러 테스트 과정을 거친 후에 희망하는 학생들을 후차적으로 선발하는 방식이었다. 학교를 대표해서 나가는 대회였기 때문에 테스트 또한 엄격하게 이루어졌다.

그렇게 초·중·고등학교를 졸업하고 대학교에 갔더니 마땅히 축구할 만한 곳을 찾지 못했다. 인터넷에 검색해서 주부 축구 교실이나, 대학생 축구 모임을 찾아봤지만 거리도 가깝지 않을 뿐더러 시간도 맞지 않았다. 그러다 우연히 집 근처 도서관을 들렀다가 나무에 걸려 나풀거리고 있는 '축구 회원 모집'이라는 플래카드를 발견했다. 나는 무작정 전화를 걸었다.

"여자인데, 축구가 너무 하고 싶어요. 저 혹시 가입할 수 있을까요?"

"아…… 그런 경우가 없긴 한데, 축구가 하고 싶으시다니 다치지 않게 재미있게 해보세요. 이번 주부터 나오세요."

초, 중, 고 내리 13년 동안 축구를 하다가 대학생활 동안 축구할 곳을 찾지 못하니 나의 욕망은 어마어마했다. 보통 조기축구회 분들은 아침 7시쯤 나와서 오후 12시까지 뛰다가 점심 먹고 모임을 마무리하는데, 막걸리나 수육 등의 주류와 음식을 준비해서 쉬엄쉬엄 뛰는 편이었다. 그러나 내게는 음식 먹고 막걸리 마실 여유의 시간조차 없었다. 신난 마음에 7시부터 12시까지 거의 쉬지 않고 뛰었다. 무리한 결과 첫날 나는 근육 이완 주사를 맞고 3일을 쉬어야 할 만큼 몸을 움직이지 못했다. 그뿐이랴, 어떤 날은 발톱 서너 개가 빠지기도 했다. 가끔 나의 축구 사랑은 극성이기까지 하다. 무작정 재미있어 보여서 연습하고 쫓아다녔던 축구는, 내 인생의 취미 중 하나가 되었다.

현대인들은 매우 바쁘다. 그러나 시간 활용을 생산적으로 잘하는 사람들은 그 바쁜 와중에도 운동과 취미를 규칙적으로 즐기면서 풍요로운 일상을 보낸다. 여가를 즐길 수 없다는 대부분의 사람들은 둘 중 하나인데 돈이 없어서 취미생활 같은 건 엄두도 내지 못한다거나, 시간이 없어서 여가를 즐길 수 없다는 경우가 많다. 하지만 나는 20대에 금전적 여유 없이 시간적 여유만 넘쳐날 때에도 취미가 많았다. 연령, 성별, 직종을 떠나 우리는 모두 스스로에게 주어진 여가시간을 건강하고 생산적으로 활용하기 위해 의식적으로 고민하고 찾아나서야 한다.

무언가에 타고난 재능이 있는 편은 아니지만 스포츠, 음악, 댄스 등 종목을 가리지 않고 좋아하다 보니 나의 취미 또한 우후죽순雨後竹筍으로 늘어났다. 자세 교정을 위해 배웠던 발레, 골프 방송을 위해 시작한 골프, 예능 촬영으로 라이센스를 얻은 스쿠버 다이빙까지. 그 외 탁구, 배드민턴, 클라이밍, 축구가 바로 스포츠의 대표적인 예이다. 뿐만 아니라 여행 가서 혼자 연주하고 싶어서 잠깐 배웠던 하모니카, 어머니 생신 때 연주해드리기 위해 시작한 피아노와

통기타는 아직도 내 방의 꽤 넓은 면적을 차지하고 있다.

흔히 이렇게 취미가 많은 사람들을 취미부자라고 하는데 나는 이들이 결코 돈이 많거나 혹은 시간적 여유가 흘러넘쳐서 그렇다고 생각하지 않는다. 오히려 열심히 일하기 때문에 그만큼의 휴식이나 취미활동이 필요한 것이다.

우리의 삶은 언제나 복잡하고 가끔은 고달프다. 그런 번뇌와 고민들을 끌어안고 일상을 흘려보내기에 우리의 인생은 너무나 짧다. 할리우드 영화 제작자 프랭클린 레오나르드Franklin Leonard는 삶에서 가장 중요한 것이 바로 '휴식'이라고 전했다. 아무것도 하지 않고 휴식을 취하는 '멈춤' 상태를 말하는 것이 아니다, 그 반대로 격렬히 몸을 움직이고 그 격렬함을 통해 점점 커지는 집착에서 벗어나 새로운 몰입과 집중으로 자신을 이동시키는 것. 이처럼 열정적이고 치열한 휴식이 바로 그가 말하는 '최고의 휴식'이었다.

우리도 격렬하게 쉴 수 있는 적당한 안식처, 나만의 '취미'를 찾아보자! 평생을 즐길 수 있는 취미 하나만 있다면, 우리 인생의 공허함은 절반으로 줄어들 것이다.

격렬하게 즐기고, 격렬하게 쉬어라.

Easy come,
Easy go!

초등학교를 다니던 때, 내 정확한 용돈이 얼마였는지 기억나지 않는다. 어림짐작해볼 때, 한 달에 3,000원(?) 정도였던 것 같다. 돈을 버는 것보다 벌어온 돈을 모으고 관리하는 일이 훨씬 중요하다는 말을 습관처럼 해오셨던 부모님은 일상 속에서 늘 경제교육을 함께 실천해주셨다. 지금도 매일매일 가계부를 수기로 작성하시는데 동전 하나 정도의 가벼운 소비조차도 빠짐없이 적고 계신다.

"어디에 지출했는지 10원도 빠뜨리지 말고 쓰셔요~."

퇴근 후 분주하게 저녁을 준비하면서도 하루에 한 번 어머니가 아버지께 건넸던 저녁 인사였다. 평생을 지켜봐온 부모님의 가계부 작성은 안타깝게 나의 것이 되지 못했지만 가득 찬 돼지 저금통을 개봉할 때 동전을 함께 헤아린 후 치킨 한 마리를 시켜먹던 우리 집의 관례는 돈을 모으는 것이 행복한 일이라는 것을 내게 인지시켜주었다.

5남매가 아버지 손에 이끌려 골목길 귀퉁이에 위치한 새마을금고로 가서 다 함께 통장을 계설했을 때의 느낌도 무척 신비로웠다. 내 이름으로 된 도장을 만들고, 내 돈을 관리해주는 통장이 생기니 금세 내가 어른이 될 것만 같았다. 그러나 블록이 쌓이듯 직사각형 통장에 내 용돈이 켜켜이 쌓여가는 모습을 지켜볼 때의 그 행복을 유지하는 것은 참 괴로운 일이었다. 나는 덕분에 빨리 깨달을 수 있었다. 돈을 모은다는 것이 생각보다 참 어렵다는 것을.

그 어려움에 박차를 가한 건 바로 학교 앞 가위바위보 '뽑기'였다. '뽑기'는 불량한 것이라는 어른들의 말씀을 완전히 믿고 그것을 금기시하던 나는, 어느 날 운명처럼 이끌리고 말았다. 동전이 전 재산이던 그 시절, 돈이 넘쳐흐르는 사운드가 촤르르르~ 귓가를 울리면 친구의 손바닥에는 코인이 쏟아져 나왔다. 친구는 온몸으로 기쁨을 표현하며, 내게도 유혹의 손길을 건넸지만 단호히 거절하기 일쑤였다. 동전이 넘실대는 사운드와 어머니의 목소리가 정확히 반반씩 내 귀를 괴롭히고 있을 때 내 눈 앞에서 친구가 갑자기 3,000원을 뽑았다. 자그마치 나의 한 달 용돈을 손 터치 한 번으로 뽑게 된 것이다!

'앗…… 그렇다면 나도 어디 한 번!'

모르는 것을 시도하는 것은 언제나 두렵지만, 첫발을 내딛고 나면 뭐든 금방 쉬워지기 마련이다. 안타깝게도 그것이 긍정적인 것이든 부정적인 것이든 제동이 쉽지 않다. 처음에는 조금씩 잃고, 얻는 것을 반복하더니 나에게도 3,000원의 행운이 왔다. 이렇게 쉽게 한 달 용돈이 생기면 금방 10,000원이 채워질 것 같았다. 설렘과 기대로 가득했던 나는 그렇게 문구점에서 떠나지 않고, 자동화기계와 가위바위보를 했다. 조금만 더, 조금만 더! 목표금액을 채우기 위해 욕심내던 나는 결국 본전도 찾지 못하고 탈탈 털리고 말았다. 뽑기로 억만장자가 될 것 같던 나의 희망도 함께 붕괴되었다. 결국 쉽게 얻은 것은 쉽게 떠난다는 세상의 섭리를 초등학교 1학년, 가위바위보 뽑기를 통해 배울 수 있었다.

인간은 같은 실수를 반복한다고 했던가. 'Easy come, Easy go!'의 원리를 무시한 채 꿈을 날로 먹으려던 나에게 언제나 조언을 아끼지 않으시는 종교계 귀인이 한 분 계신다. 내가 세상에 태어났을 때 엄마보다 나를 먼저 안아주신 분이자, 일찍 출가(出家)해 혜선 스님이라 불리고 있는 나의 이모이다. 배움의 끈을 놓으려 할 때마다, 꿈보다 돈을 쫓으려 할 때마다 강건히 나를 잡아주셨다.

혜선 스님 "돈을 쫓지 마라. 좋아하는 일 오래 하다 보면 돈은 자연스레 따라온다."
나 "좋아하는 일, 오래 하고 싶은 일이 뭔지 잘 모르겠어요."

혜선 스님 　"명예와 부를 제외했을 때도 이루고 싶어서 눈에 아른거리는 일이지. 네가 하고 싶은 일이 생길 때마다 자문해봐."

　주변인들의 말에 쉽게 흔들리고, 휩쓸리던 나에게 이모의 말씀은 나침반과 같았다. 결국 내 꿈을 그리는 기초 작업에 그녀의 말 한마디가 단단한 뼈대 역할을 해준 셈이다. 물론 누군가는 '성공'의 원리와 '돈'의 원리는 같아서 돈을 쫓다보면 성공이 보인다고 말하고 있다. 그 말도 충분히 일리가 있지만, 남녀노소를 막론하고 돈만 쫓는 일은 상당한 위험이 따른다. '돈'이나 '재물'에 대한 욕망에는 한계가 없기 때문이다. 우리는 종종 스스로의 '가치'만으로 충분히 값어치 있는 사람들이, 자신의 가치를 무시한 채 돈만 쫓다 수렁에 빠지는 걸 보게 된다. 아마 그들은 사람이 돈보다 가치 있다는 걸 전혀 모르거나, 까맣게 잊고 살았을 것이다. 그대들 또한 돈으로 환산할 수 없는 당신의 '꿈'과 '열정'을 헐값에 넘겨버리지 마라. 이 글을 읽어 내려가는 지금 이 순간 머릿속을 스치는 다양한 직업들에서 '명예'와 '부'를 제외시켜 보자. 어느 순간 '번쩍!' 하고 내 인생의 숙명을 마주하게 될 테니까!

Easy come, Easy go!

지금 할 수 없는 일은
나중에도 할 수 없다

주변을 둘러보면 꼭 한두 명씩 평범함을 거부하는 사람들을 볼 수 있다. 자유분방하고, 도전하기를 좋아하며, 때론 거침없고 비범하기까지 한 사람들. 일반인들 사이에서도 그러할진대 다채로운 방송인들 사이에서 비범인들은 그 농도가 훨씬 진하다. 활어 회같이 날것 그대로의 에너지와 활력을 자랑하며 전국을 쏘다니던 KBS의 김현영 리포터는 파란만장 하다못해 휘황찬란한 삶을 살고 있다.

그녀를 처음 본 곳은 역삼동 그녀의 자취방이다. 가수, 쇼 호스트, 개그우먼, 리포터, MC 등 다양한 직종의 방송인들을 한데 불러 모아놓고 수다를 떨며 서로의 일상을 공유하던 쉼터였다. 일반 직장인의 삶과는 달리 업무의 성수기와 비수기가 나뉘어져 있는 그녀들은 1, 2월이나 7, 8월을 제외한 나머지 기간에만 밤낮없이 전국을 누볐다. 날씨의 영향을 받는 혹한기와 혹서기는 부족한 부분을 보완하고 가꿔 나가는 재정비의 시간 혹은 장기 휴가 기간으로 즐기는 편이었다. 말하지 않아도 서로의 지난 시간들을 이해하고 존중하는 듯했던 그 멤버들은 '힐링센터'라는 미명하에 집 비밀번호를 공유하며 매일 같이 모이기 시작했다.

함께 어우러져 동거동락同居同樂하다가 일이 있는 사람들은 일하러 가고, 일 끝나면 다시 돌아오는 식의 생활이 계속되었다. 위에서 언급한 '힐링센터'의 주인장이자 에너자이저 현영 언니는 수백 명, 수천 명을 상대로 행사를 진행하고 와도 끄떡없는 표정으로 다시 우리를 맞이하곤 했다. 물론 체력적인 면이나 기력의 차이는 있겠지만 나 같은 경우엔 전력을 다해 행사를 하고 나면 서울까지 혼자 운전해서 올라 올 기운이 없을 만큼 에너지 소비가 심한 편이었다. 집에 도착해서 주차를 하고 나서도 곧바로 집에 올라가지 못하고, 잠시 숨을 고르며 쉬어야 하는 나만의 의식이 필요했다. 나와는 반대로 행사가 끝나면 오히려 에너지가 넘쳐나는 듯한 그녀의 비결이 궁금하여 한 번은 진지하게 물어보았다.

김현영 "나는 가끔 하루의 마무리를 업무로만 끝내고 나면 내 청춘을 일에 저당 잡힌 느낌이 들더라고. 그 느낌이 싫어서 일 끝나면 꼭 누군가와 시간을 보내려고 해. 그게 안 되면 혼자 팔당댐 가서 바람을 쐬더라도, 하루의 끝은 꼭 신나게 마무리하는 편이야."

그녀에게 힘차게 시작하는 아침만큼 중요한 건 바로 하루의 끝이었다. 누군가를 위해 하루 종일 일했지만 자기 자신을 위해 하루의 끝을 즐길 줄 아는 그녀의 현명함은 지난날의 나를 반성하게 했다. 쉬어야만 다음날 업무를 잘 처리할 수 있을 것 같다는 강박에 사로잡혀 집에서만 에너지를 아등바등 붙잡고 있던 내 모습들이 파노라마처럼 지나갔다. 하지만 다행히 나에게는 좋은 것을 본받으려는 복제 DNA가 있기에 내 하루의 끝도 그녀처럼 바꿔 나가기 시작했다. 자동차 썬 루프를 시원하게 열어 제치고 동호대교를 쌩쌩 달리거나, 달빛과 비슷한 색감의 조명을 켜놓은 채 에드 시런의 음악을 맘껏 듣는 것. "내 하루의 끝은 내가 정해!"라고 당당히 세상에 외치는 듯한 언니 덕분에 내 하루의 끝도 온전히 나의 것이 되었다.

이렇게 주변에 선한 영향력을 전파시키던 그녀는 에너지가 똑 닮은 형부를 만나 결혼을 했다. 두 사람의 넘치는 에너지가 하나로 합쳐지니 그 시너지 효과는 엄청났다. 두 잇 부부Do it bubu라는 이름으로 재탄생 한 그들은 양가 부모님이 함께 춤추면서 입장하는 댄스파티 결혼식을 기획했고 1년간 떠날 신혼여행을 위해 하던 일을 모두 그만뒀다. 그 무모한 선택의 이유는 서로 평생의 버킷리스트였던 세계 일주를 떠나기 위해서다. 나는 그들의 무모함을 존경하고 응원한다.

혹자는, 사자가 밀림에서 가장 강한 동물인 이유는 거대한 물소를 사냥할 수 있어서가 아니라, 적들이 있는 가운데서도 배를 까뒤집고 몇십 시간을 잘 수 있기 때문이라고 했다. 이처럼 두 잇 부부

또한 잠깐 멈춘다는 것이 두려웠을 수도 있다. 그러나 스스로를 믿고, 서로를 의지하며 그들은 계획한 대로 떠났다. Just do it! 스포츠 대표 브랜드 나이키의 캠페인 구호처럼, 그들의 부부명처럼 그냥 저질러버린 것이다. 나는 그들을 보며 생각했다. 지금 할 수 없는 일은 나중에도 할 수 없다고. 이 글을 읽고 있는 독자들도 메모장 귀퉁이에 새겨놓은 버킷리스트가 몇 달을 넘기다 못해 결국 수해多年를 넘겼다면, 지금 당장 실천해야 한다. 스크롤을 내리던 스마트폰과, TV 채널을 돌리던 리모컨을 내려놓고 벌떡 일어나보자. 두 잇 부부의 실행력이 여러분에게 고스란히 전해질 것이다!

지금 할 수 없는 일은 나중에도 할 수 없다.

Chapter 3

정신적, 육체적으로 가장 건강한 청년기Adolescentia

"대한민국에 너보다 영어 잘하는 사람은 너무 많아."

내가 무언가를 간절히 이루고 싶을 때,
나를 제외한 모든 사람이 이미 그것을 실행하고 있다 한들
달라지는 건 없다.
다들 영어를 너무 잘해서 내가 따라잡을 수 없을 거라 우려했지만
난 타인을 따라잡을 생각이 없었고,
모두가 내게 늦었다고 말했지만
나는 60대에 꿈을 이뤄도 상관없었다.

그 어떤 말도 내 꿈을 포기하게 하는 마땅한 명분이 되지 않았다.

물론 그들이 나의 희망을 저해하거나,
딴지놓기 위해 했던 말이 아니라는 것을 잘 알고 있다.
나를 귀히 여기는 주변인들이 '경쟁 포화 상태'를 우려하며
건넨 조언이었다는 것도 충분히 이해한다.

**하지만 나는 조금 늦더라도,
내가 꿈꾸고 그리는 나의 모습을 꼭 보고 싶었다.**

산하엽,
흘러간 놓아준 것들

직업의 특성상 아이돌 가수와의 작업이 자주 있지만 매 순간 설레는 것은 아니다. 스케줄이 잡힌 순간부터 아이돌 멤버의 이름을 벼락치기하듯 외워가느라 곤혹을 치르기도 하고, 아이돌이 대거 출두하는 경우엔 작가님이 카메라 뒤에서 일일이 그룹, 멤버의 특징들을 빼곡히 써주기도 한다. 왜냐하면 끝날 때까지 그들과 그 팬들의 심기를 건드리지 않는 것이 바로 그날의 임무이자 숙제이기 때문이다. 옷깃만 스쳐도 인연이라는데, 함께 눈을 맞추고, 어깨를 나란히 했던 모든 나의 인터뷰이들은 내게 귀하디귀한 아티스트임에 틀림없다. 하지만, 깨물어 아프지 않은 열 손가락 중에 유난히 나를 아프고 시리게 만든, 잊지 못할 인연도 있다.

2015년의 어느 날, 그룹 '샤이니'의 팬 미팅을 진행해달라는 제안을 받았다. "누난 너무 예뻐~"라며 무대에서 귀여운 듯, 당돌한 매력을 뽐내던 샤이니? 팬 미팅의 특성상 남자 가수는 여성 팬들이 많아서 남성 진행자를 섭외하는 것이 일반적인데, 도대체 내게 어떤 진행 분위기를 원하는 것일까 궁금하기도 했고, 최종 미팅이 필요했기에 청담동에 있는 SM Entertainment로 향했다.

"안녕하세요. 처음 뵙겠습니다. SM의 ○○○ 실장입니다."

명함을 건네는 그녀의 반대쪽 손에는 날 위해 준비한 SM 소속 가수들의 사인 CD와, 진행될 행사 관련 자료들로 가득했다. SM을 대표하는 아이돌들의 수많은 CD가 주는 설렘보다, 이번 행사가 호락호락하지 않을 것이라는 두려움의 감정이 더욱 앞섰다.

"샤이니의 종현이 아시죠?"
"네~그럼요!"
"종현 씨가 되게 감성적이고 섬세한 사람이에요. 그동안 음악 작업을 꽤 많이 했는데, 그 가사들을 스토리화해서 이번에 책을 하나 냈거든요. 그 책에 관련한 토크쇼? 혹은 북 발간회 정도라고 생각해주시면 될 것 같아요."

듣고 보니 '샤이니'의 팬 미팅 진행이 아니었다. 저자 '종현'과 그의 책에 관한 이야기들을 독자들과 처음 나누게 되는 '북 토크쇼'였다. 팬들의 '기대'와, '설렘'으로 한껏 부풀어 있을 그의 첫 번째 무대를 내가 잘 해낼 수 있을까 부담이 되었다. 그의 예술성을 온전히 이해하기 위해 정말 여러 번 책을 읽었고, 책에 소개된 모든 노래를 반복해서 들었다. 그의 예술에 동요되어, 완전히 스며들 때 즈음 우리는 만나게 되었다. 주책맞게 떨고 있는 나의 심장을 간신히 안정시키고 그와 나, 그리고 그를 보좌해줄 매니저 셋은 회의를 시작했다.

토크쇼의 구체적인 질의응답을 정리하고 체크하는 시간 동안 그의 표정은 무척이나 차가웠다. 어떠한 미소도, 인사도, 질문도 없었다. 눈의 또렷한 초점을 가려주는 미용 렌즈와 무표정한 표정 탓이었을까? 아니면 그의 차가운 침묵 때문이었을까? 머쓱해진 나는 온기 없는 대화만 주고받은 채 방에서 나왔다.

'쳇, 생각보다 되게 까칠하네.'

그런데 막상 북 토크쇼가 시작하자 넘치는 사랑을 표현하러 와준 그의 팬들과 막힘없이 질문에 척척 대답하는 그의 언변이 빛을 발해 성공적으로 끝날 수 있었다. 형식상 주고받는 인사 혹은 더 나아가 개인적 친분을 과시할 만한 행동을 기대한 건 아니지만 끝난 후 홀연히 사라져버린 그의 모습이 못내 아쉬웠다. 입을 삐죽거리며 내심 그의 인간성과, 도덕성을 함부로 추측했던 것 같다. 나는 그와의 무미건조한 에피소드를 기억할 여유도 없이 논문에 매진했고, 논문 발표를 위해 처음으로 미국을 방문하게 되었다. 도착하기 직전, 들뜬 마음으로 안전벨트를 제거하고 있는데 뜬금없는 소리가 내 귓가를 울렸다.

"종현이 자살했대요."

나는 온 마음을 다해 제발 그가 아니길 바랐다. 공적인 업무 외에는 따스한 사담조차 제대로 나눠본 적 없지만 난 그를 아티스트로서 사모했기에, 오랫동안 그의 예술성을 탐닉하고 싶었다. 그러거나 말거나, 뒤이어 들려오는 한마디는 내 가슴 깊은 곳을 저릿하게 만들었다.

"샤이니 종현, 아이돌이요."

스스로를 고장났다고 표현하는 그에게, 그냥 수고했다고 이만하면 잘했다고 말해달라는 그에게 이제는 미안해하는 것밖에 할 수가 없었다. 이상하게 자꾸만 눈물이 났다. 사소한 친절에 큰 의미를 부여해보기도 하고, 그들의 불친절에 조용히 무언의 안티가 되어버리기도 하는 나는, 아니 어쩌면 우리는 모든 게 참 쉬웠다. 이유 없는 비난의 화살과 회초리를 맞고 피멍이 든 채 고개를 숙이고 있는 연예인들에게 "아니면 말고"라는 단순하고 잔인한 단어를 사용해버리면 그만이니까……. 그에 대한 안타까움과 비애는 미국에 있는 동안 꽤 오랜 시간 걷히지 않았다.

성황리에 논문 발표를 끝낸 후, 한국으로 돌아오는 비행기 안에서 영화 〈핵소고지Hacksaw ridge〉를 보며 펑펑 울고 있는 나를 발견했다. 주인공의 신념을 가장 폄하하고 무시했던 그의 상사 캡틴 글로버Captain Glober가 자신의 인생에서 주인공 데스몬드 도스Desmond doss를 섣불리 판단한 것이 '인생의 가장 큰 후회'라 고백하는 장면에 동요되었기 때문이다. 이제와 후회해봤자 이미 늦었다는 걸 알지만 내가 그를 함부로 재단했기에 후회하고 있는 지금 내 모습과 영화 속 '캡틴 글로버'가 많이 닮아 있다고 느꼈던 것 같다.

지독하게 외로워본 사람만이 타인의 외로움을 알아볼 수 있다는데, 그때는 미처 알아보지 못했다. 다음에 다시 만나면 보이지 않았던 그의 마음의 상처와, 깊은 한숨을 꼭 내가 먼저 눈치챌 수 있기를 바란다.

대중들을 위해 반짝이던 별이었지만, 이제는 스스로를 위한 별이 되어 떠나버린 그의 명복을 진심으로 빌며…… .

"수고했어요. 정말 고생했어요. 그댄 나의 자랑이죠."

_ 종현, 〈하루의 끝〉 가사 中

절치부심,
간절하지만 급하지 않게

'중독'이란 모두 부정적인 것일까? 독으로 분류되는 유해물질에 정신적으로도 육체적으로도 의존적인 것을 일컫는 말. 이 단어의 사전적 정의만으로는 절대 긍정적일 수 없는 것처럼 보인다. 그러나 일중독, 운동 중독, 웃음 중독 등 과해도 충분히 좋을 것 같은 분야들이 몇몇 있다. 가끔 주변에서 내게 언어 공부에 중독됐다며 "언어 중독! 언어 중독!"이라고 부르는 것이 한 가지에 미친 듯 열정을 쏟는 사람 같아서 그다지 언짢지 않은 걸 보면 말이다.

학창 시절에 텔레비전을 보고 계시던 아버지가 "미쳤다. 정말 미친 사람이다……"라며 조용히 누군가를 향해 읊조리는 걸 들은 적이 있다. 빠르게 내 귓가를 스친 '미쳤다'의 단어에는 매우 부정적인 열기가 가득했다. 그래서인지 사회적으로 지탄받아 마땅한 범죄자가 나오는 뉴스를 보고 계실 거라 생각했다. 하지만 그 소리는 '조류' 연구를 위해 평생 '새'만 쫓아다닌 윤무부 박사님을 보며 연신 내뱉던 탄성이었다. 그의 열정에 감탄하며 내게 건네신 아버지의 말씀은 아직도 나에게 열정 증폭 역할을 하고 있다.

> "사람이 한 가지에 미친 듯이 몰두하면 결국은 그 가치를 인정받게 된다. 어떤 것을 해야 한다고 강요하진 않겠지만 윤무부 박사님처럼 뭘 하더라도 열정을 갖고 제대로 해라!"

그 이후 내게 '미쳤다', '미쳐 있다'라는 말은 꿈에 대한 열정과 동의어처럼 느껴졌다. '무엇이든 열정을 갖고 미친 듯이 하면 된다!'라고 생각했던 나의 배짱은 대학 면접을 볼 때에도 빛을 발했다. 그때 당시 리포터로 활동하고 있다는 이유만으로 면접관들은 예정에 없던 현장 리포팅을 시켰는데 시간이 턱없이 부족했지만 우선 해보겠다는 심산心算으로 팔을 걷어붙였다. 시작한 지 1분 만에 나를 중단시키던 한 교수님은 "뭐 하나 시작 했다 하면 미친 듯이 하는 편이시죠?"라고 물었다. 나의 열정을 알아봐주는 듯했던 그 마지막 질문은 결국 나를 '합격'이라는 길로 안내했다.

어쩌면 내가 꿈을 갖게 된 이후 나의 태도는 무언가를 원하는 'WANT' 동사의 형태가 아니라 반드시 해야만 하는 'MUST' 조동사의 모습이었던 것 같다. 국제 진행자가 되겠다고 마음먹은 이후, 웬만하면 다른 이들의 조언을 수용하지 않으려 했다. 내 꿈에 눈이 멀어 있기 때문이었다. 하지만 내 곁에는 나만큼 단순한 이유로 내 꿈을 반대하는 사람들이 넘쳐났다.

"대한민국에 너보다 영어 잘하는 사람은 너무 많아."

내가 무언가를 간절히 이루고 싶을 때, 나를 제외한 모든 사람이 이미 그것을 실행하고 있다한들 달라지는 건 없다. 다들 영어를 너무 잘해서 내가 따라잡을 수 없을 거라 우려했지만 난 타인을 따라잡을 생각이 없었고, 모두가 내게 늦었다고 말했지만 나는 60대에 꿈을 이뤄도 상관없었다. 그 어떤 말도 내 꿈을 포기하게 하는 마땅한 명분이 되지 않았다. 물론 그들이 나의 희망을 저해하거나, 딴지 놓기 위해 했던 말이 아니라는 것을 잘 알고 있다. 나를 귀히 여기는 주변인들이 '경쟁 포화 상태'를 우려하며 건넨 조언이었다는 것도 충분히 이해한다. 하지만 나는 조금 늦더라도, 내가 꿈꾸고 그리는 나의 모습을 꼭 보고 싶었다.

그럴 때 혹자는 좀 대충 살면 안 되냐며 고개를 절레절레 흔들거나, 도대체 네가 꿈꾸는 미래의 모습이 뭐냐고 되묻기도 했다. 그럴 때마다 내가 말하고, 꿈꾸는 나의 미래는 매우 선명하고 구체적이었다. 우선 7개 국어를 하며, 10권 이상의 책을 집필한 베스트셀러 작가이다. 모순이겠지만 강연, 방송 출연 등 매우 바쁜 일상 속에서도 가족과의 시간을 최우선으로 하는 사람이다. 또한 검은 머리가 온통 은빛으로 뒤 덮인 백발의 나이라 할지라도 세상의 다양함을 올바른 시선으로 바라볼 줄 아는 멋진 어른으로 늙어 가는 것이다.

어쩌면 나는 내 꿈에 눈이 멀어 한 치 앞을 못 보거나, 현재를 놓

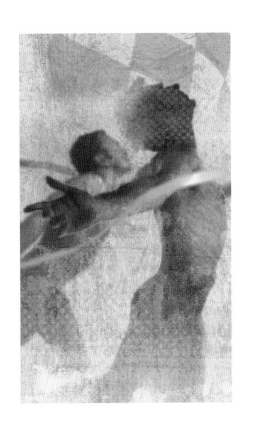

내 가슴을 뜨겁게 만드는 미래의 빛은,
당장 지금 내 발 아래의 어둠도 환히 밝힐 수 있다고 믿는다.

장밋빛 미래를 상상하면
너무 눈이 부셔서 눈이 멀어버릴 것 같다.

치는 사람일지도 모른다. 그러나 내 가슴을 뜨겁게 만드는 미래의 빛은, 당장 지금 내 발 아래의 어둠도 환히 밝힐 수 있다고 믿는다. 장밋빛 미래를 상상하면 너무 눈이 부셔서 눈이 멀어버릴 것 같다고 말하는 오프라 윈프리의 말처럼 반드시 이루어질 것이라는 믿음과 설렘은 우리를 더욱 빛나게 만들어줄 것이다. 긍정적이고 건강한 것에 자꾸만 나를 노출시켜 보자. 운동하고, 공부하고, 일하고, 많이 웃는 것. 밝고 건강한 것에만 매료되는 그대들을 상상하며!

건강하게 미치면, 미칠 수 있다.
간절하지만 급하지 않게!

만나고 헤어지는 일,
그 안에 꿈이 있다

가수 김연우의 노래 〈이별 택시〉라는 노래를 들어본 적이 있는 가? 나는 평소 그 노래를 즐겨 듣고, 자주 불렀지만 내가 그 노래 의 주인공이 될 거라고 전혀 예상치 못했다. 가장 친한 친구와 나 를 동시에 사귀고 있었던 나쁜 남자의 정체가 탄로 나던 그 순간, 나는 전쟁터에서 도망치듯 재빨리 택시에 올라탔다. 충격으로 온 몸이 떨리고 가슴이 찢어질 듯 아려오는 나의 상태를 그 누구에게 도 들키고 싶지 않았기 때문이다. 영화나 드라마에서 보면 바람난 남자의 뺨을 사정없이 내려치거나, 도끼눈을 뜨고 잘만 쏘아대던 데 어쩜 그렇게 비련의 여주인공처럼 하염없이 눈물만 나던지. 다 시 생각해도 정말 마음에 안 든다. 촬영 경험이 전혀 없는 학생 감 독이 봤어도 "아! 이건 아니지!!!"라며 수백 번이고 "NG!!!"를 외 칠 만한 답답한 장면들의 연속이었다.

당당한 척 문을 쾅 닫고 올라탄 택시지만 기사님께 인사는 해야

겠고, 인사하자마자 북받쳐 오르는 서러움과 배신감은 멈출 줄 모르는 눈물과 콧물을 만들어냈다. 새벽 운행이 피곤할 텐데 청승맞은 손님을 태운 기사님께 죄송한 마음이 들었고, 이 죄송한 상황을 만든 그 사람 때문에 또 다시 화가 났다. 탈출할 수 없는 뫼비우스의 띠처럼 복잡한 감정이 꼬리에 꼬리를 무니, 서러움과 분노의 눈물이 뒤섞여 마포대교 너머 한강을 메울 듯이 쏟아지기 시작했다.

"흐흐흑흑 기사님 죄송해요……. 흑흑흑 우는 손님 태우게 해서 죄송해요. 어어어엉."
"본인이 상처받았는데 왜 나를 걱정해줘요. 지금은 아가씨 생각만 해요."

기사님의 따뜻한 말투에 걱정과 배려가 느껴져, 끔찍했던 그 순간을 찬찬히 되짚어 생각해보았다. 그때의 나의 감정은 흔히 이별할 때 겪게 되는 '슬픔'이 아니라 '공포'에 가까웠다. 100% 신뢰했던 남자친구가 소름끼치는 두 얼굴의 사나이였다는 공포, 내게 했던 모든 달콤한 말과 행동들이 거짓일 수도 있다는 공포, 그를 참 좋은 사람이라고 믿었던 사람 볼 줄 모르는 내 안목에 대한 공포. 온몸을 떨게 하던 그 다양한 공포의 순간들에 누군가 나를 감싸 안으며 괜찮다고 다독여주면 그제야 조금씩 정신이 든다. 옷소매를 가득 적시며 연신 눈물을 닦아내던 내가 맘 편히 울 수 있도록 라디오 볼륨을 힘껏 올려주던 기사님의 토닥임이 바로 그런 역할을 했다. 다시 생각해보니 나같이 착하고 예쁜 여자를 놓친 바보 같은 그 남자가 불쌍하다며 실컷 욕해주시던 보이지 않는 주먹질도 참 든든했다.

현실판 〈이별 택시〉의 친절한 기사님 덕분에 나는 눈물의 마포대교를 건너 집에 잘 도착했다. 하지만 그러면 뭐 하나. 잔인하게도 난 철저하게 다시 혼자가 되었다. 나쁜 놈, 나쁜 놈, 나쁜 놈. 수없이 외치고 마음을 다잡아 봐도 뒤돌아서면 생각나고 보고 싶었다. 미움과 분노, 배신감과 증오도 시간이 지나면 흐릿해졌다. '어떤 복잡한 사연이 있었던 건 아닐까? 분명 내가 오해하는 게 있을 거야'라며 또 한 번 그를 믿고 싶어 하는 내 자신이 너무 싫었다. 그 순간 내가 할 수 있는 최고의 복수는 그 사람보다 행복하게 잘 사는 것이었다.

1년을 만난 남자친구가 알고 보니 친한 친구와 양다리를 걸치고 있었다? 난 어떻게 극복했을까? 힘들다고 술에 빠져 방탕해지거나, 내 스스로를 놓아버리거나, 다시 그를 찾아갔을까? 절대 아니다. 그건 그에게 두 번 밟히는 짓이었다. 물론 일주일 정도는 물도, 밥도 제대로 먹지 못하며 산송장처럼 지냈다. 하지만 철저히 혼자가 된 느낌을 받으니 신비로운 나의 인체는 자기 방어와 자립의 기술들을 자체 생산해내기 시작했다. 충격받은 스스로에게 괜찮다고 위로도 하고, 걔 없어도 안 죽는다고 타이르며 스스로를 치유해 나갔다. 좋은 말, 좋은 이야기 들으며 명상도 하고 그를 떠올리게 하는 모든 집안의 가구들을 재배치하며 온전히 나를 위해 다시 태어났다.

하······ 이쯤이면 잊혀져야 하는데 그래도 계속 생각이 났다. 정신없이 바쁘게 일에 쫓기다 보면 좀 더 잊기 쉬웠을 텐데, 하필이면 내 시간을 남에게 빌려주고 싶을 만큼 한가한 시기에 헤어지고 말았다. 어떻게 하면 나의 부정적 에너지를 긍정적으로 쓸 수 있을까. 그 고민에 대한 해답이 바로 '영어'였다! 사랑하는 사람을 잃었으니 그 자리에 더 사랑하는 무언가를 대체해야만 했는데, 그게 '사람'이고 싶지는 않았다. 서툰 사랑의 시작은 또 다른 상처를 가져오기도 하니까. 나 스스로의 회복이 가장 중요하다고 판단했다. 예상하지 못했던 갑작스런 이별에 상처받고, 분노해야 했던 나의 에너지들을 긍정적인 곳에 쏟았더니 내 영어 실력은 무서운 속도로 일취월장했다. 그의 이름도 기억나지 않을 만큼 그를 잊어갈 때, 우리는 우연히 다시 만났다.

"영어를 언제 공부했어? 원래 이렇게 잘했었나?"

그의 질문을 통해 나는 알 수 있었다. 이별의 후유증이 나를 이토록 성장시켰다는 것을. 하지만 이제 와 생각하면 내 인생에 겪을 수 없는 충격과 공포의 순간을 선물해준 그에게 참 고맙다. 그 덕분에 내가 정복하기 어렵다는 '영어'의 산을 넘을 수 있었으니 말이다. 이런 영화 같은 이별 증후군이 있으면 이제는 면역이 생겨 이제 사랑이 좀 쉽게 느껴져야 할 텐데 나는 아직도 잘 모른다. 일도 가족관계도 인간관계도 사회생활도 다 잘할 수 있고 잘 알겠는데, 유독 사랑은 해도 해도 모르겠다. 언어가 다른 두 사람이 만나 서로의 언어를 이해하는 것. 사랑의 대상을 만나는 시간만으로 성장되는 게 아니라 수많은 시행착오를 통해 두 사람이 성숙해가는 것. 바로 그 험난한 과정이 '사랑' 아닐까. 확실히 마음속에 느껴지는 감정이 있음에도 불구하고 눈에 보이는 형태가 없으니 가끔 사랑이란 게 정말 존재하긴 하는 건지 의구심이 든다.

　김창옥 교수는 사랑이 힘든 이유를 '발레'와 같다고 비유했다. 대부분의 관객들은 혼자 조명을 받거나, 대사를 읊조리는 주인공의 단독 무대를 높게 평가한다. 발레에서도 주요한 역할을 담당하며 독무를 펼치는 무용수를 솔리스트Soliste라고 하는데, 그보다 최상위급의 무용수를 프리마돈나Prima donna라 부른다. 즉, 무용수에게 최고의 경지라고 하는 '두 사람의 춤'인 파드되Pas de deux: (고전 발레에서 주역 발레리나와 그 상대역이 추는 춤)는 무용단의 대표 무용수인 프리마돈나에게만 맡길 수 있는 것이다. 혼자서도 충분히 아름다울 수 있고, 무대를 화려하게 장식할 수 있지만 본인을 통제하는 힘과 상대를 배려할 줄 아는 힘까지 동시에 갖춘 사람만이 상대 무용수와 호흡을 통해 최고의 장면을 연출할 수 있는 것이다.
　어쩌면 우리 모두는 홀로서기조차 익숙지 않은 인생의 솔리스트라, 프리마돈나의 요구조건들을 외면하고 있을지도 모른다. 하지만 프리마돈나의 능력을 갖추지 못한다면 제대로 사랑을 할 수 없다. 본인을 통제하고 상대를 배려할 줄 아는 충분한 힘을 갖춘 사람만이 안정적으로 사랑하고, 사랑받을 수 있을 테니 말이다.

사랑하라, 마치 프리마돈나처럼!
만나고 헤어지는 일 안에는 분명 당신의 꿈이 있다!

꿈은 도망가지 않는다.
사람이 도망갈 뿐

인ㅅ적 네트워크가 무엇보다 중요하다고 말하는 요즈음, 첫 만남과 첫 대면의 기억은 매우 중요하다. 면접 첫인상의 중요성, 첫인상 메이크업, 첫 만남 코디 등의 정보가 각종 SNS 및 플랫폼의 인기 순위를 차지하고 있는 것을 보면 알 수 있다. 하지만 이렇게 강렬하고 중요하다는 첫 만남의 시간은 가혹하게도 우리에게 오랫동안 주어지지 않는다. 10분 만에 유혹하겠다던 가수 이효리 씨의 노래처럼 〈10 minute〉이라도 주어진다면 다행이고 아주 감사한 일이다. 면접도 그러겠지만 대부분의 처음은, 상대방이 어떤 사람인지 파악조차 못한 채 끝나버리기 때문이다.

뿐만 아니라 시간이 주어진다한들 첫 만남에 건넬 수 있는 질문들은 매우 한정적이다. 무례하지 않으면서도 단시간에 상대를 파악하고 분석할 수 있어야 하는데 그 질문들은 대개 기본적이면서도 은근한 것들이 많아서 원하는 대답은 듣지 못할 수도 있다. 상대의 외형이나 태도, 목소리, 말투, 눈빛 등도 그를 파악할 수 있는 중요한 비언어적 단서가 되겠지만 우리는 이름과 나이, 직업 등의 키워드를 묻고 답하면서 그를 기억하게 된다. 그래서일까? 나는 낯선 사람과의 첫 대면에서 군이 내 직업을 밝히지 않는 편이다.

국제 진행자나 국제 아나운서라고 말하기엔 너무 거창한 느낌이고, 라디오 DJ는 설명해야 할 것들이 너무 많게 느껴진다. 입찰 프레젠터 혹은 MC라고만 소개하기엔 추가적으로 하는 일들이 너무 많고, 리포터라고 말하기엔 내 옷이 아닌 것처럼 느껴지기 때문이다. 이처럼 다양한 경력들이 곧 나의 직업이다 보니 누군가의 질문에 애매모호한 대답으로 회피한 적이 많은 것 같다.

"무슨 일 해요?"

"저 말 하는 일 해요!"

질문자에게 다시 질문을 반복하게 하는 번거로움이 있긴 하지만 어쩌면 맞는 말이다. 내 직업은 다양하여 어느 것 하나라고 단정 지을 수 없고, 내가 하는 일은 결국 말하는 일이다. 어쩌면 나의 이러한 소개 방법은 처음 보는 낯선 이에게 나의 패를 다 보여주고 싶지 않은 내 삶의 방식 중 하나인데, 허영도 거짓도 아니다. 물론 배우, 가수, 개그맨, 모델, 각종 방송인들 중에 본인의 직업을 누구보다 당당하게 소개하는 사람들도 많다. 하지만 낯가림이 심하거나 혹은 주목받고 싶지 않은 낯선 자리에서는 일부러 직업을 다르게 소개하는 사람들도 종종 본 적 있다.

몇 가지 예로, 제작진 분들의 수고를 드높이기 위해 마련된 종방연 자리에 함께 있던 배우의 일화를 들 수 있다. 그는 사람들이 알아볼 때마다 "아~ 평소에 닮았다는 소리 많이 들어요"라고 너스레를 떨며 대화를 단절하기 일쑤였다. 그것은 누군가를 속이거나 상대의 인사를 무시하려는 의도가 아니라, 더 박수 받아야 하는 다른 분들의 시선을 빼앗고 싶지 않은 선의의 거짓말이었다. 친한 개그맨 지인 중 한 분도 "어디서 많이 본 것 같아요"라는 질문을 받으면 "아! 여의도에서 휴대폰 대리점 하고 있는데 거기 오셨었나 봐요?"라고 완전한 위장술을 선보인다고 말했다. 이렇게 위장할 필요가 있을 정도로 첫 만남에 내가 전하는 나의 이름과 직업은 그 사람이 나와 나의 삶을 추측하고 판단하는 데 엄청난 정보 중 하나가 된다.

나처럼 한 가지 직업을 콕 집어서 소개할 수 없고, 다양한 업무들을 소화해내는 사람들이 많아지면서 'N잡러(2개 이상 복수를 뜻하는 'N'과 직업을 뜻하는 'Job', 사람을 뜻하는 '~러(er)'가 합쳐진 신조어로 '여러 가지 직업을 가진 사람'을 뜻한다)'라는 신조어가 생겨났다. 비단 프리랜서로 활동하는 방송인 혹은 문화 예술인에게만 해당되는 이야기가 아니다. '수명'과 '실업률'의 증가, 비정규직 근로제도 등의 불안함이 결국 사람들을 고민하며 창작에 관심을 가지게 만들었고, 그 결과 창조주의 삶을 꿈꾸는 사람들이 분야별로 다양해졌다.

《호모 데우스》의 저자 유발 하라리의 말처럼 21세기의 우리는 '일하지 않는 사람들'이라는 새로운 계급의 탄생을 목도目睹하고 있다. SNS 인플루언서, 블로거, 유튜버, 각종 크리에이터와 같이 노동勞動 같은 일을 수행하지 않으면서도 수익을 창출하는 사람들이 바로 그런 사람들이다. 회사에 출·퇴근하며 특정 업무를 소화하는 것이 아니라 일하지 않아도 수익구조가 만들어지는 체계를 갖추거나, 창작물을 통해 수입을 얻는 경우가 있다.

모두가 느끼고 있겠지만 앞으로의 세상은 더욱더 복잡하고 빠르게 변화할 것이다. 따라서 우리는 반드시 또 하나의 'N'+'Job(직업)'이 되어줄 영역을 찾아내야만 한다. 지금 당장 과감하게 회사를 뛰쳐나와 무언가를 시도하라는 말이 아니다. 언젠가 사회적 요인이나, 타인에 의해 홀로 서게 될 때를 대비하기 위함이다. 늦었다고, 모르겠다고 회피하고 눈 감지 말자. 그대의 꿈이 사소하여 시도조차 꺼려지거나, 단순한 취미생활이라며 무시했던 일들도 한 번쯤은 다시 생각해보자.

시작은 미약하나 그 끝은 창대하리라는 〈구약 성경〉의 구절처럼 우리는 일단 시작만 한다면 반드시 그것을 성장시킬 수 있을 것이다. 꿈은 도망가지 않는다. 언제나 사람이 도망갈 뿐!

꿈은 도망가지 않는다.
언제나 사람이 도망갈 뿐!

구르는 돌에는
이끼가 끼지 않는다

"무계획이 가장 좋은 계획이지No plan is the best plan!"라고 찬양하는 무계획자들도 새해가 되면 새로운 시도를 꿈꾼다. 새 마음 새 뜻으로 스케줄 노트를 사거나, 다이어트 혹은 외국어 공부를 시작한다. 한 해 동안 이루고 싶은 소망들을 깨끗이 정돈된 내 방 어디쯤에 걸어두기도 하고, 휴대전화 배경화면에 설정하는 것처럼 말이다. 나 또한 그들처럼 구체적으로 어떠한 목표를 설정하는 타입은 아니지만 2020년만큼은 조금 특별하고 싶었다. 무엇을 위해 에너지를 소진하고, 노력할 수 있을까 고민한 끝에 내가 선택한 시도는 '책 쓰기'와 '책 읽기'였다.

우선, 책 쓰기는 내 이름으로 된 나의 책을 출판하는 것이 목표였다. 글 쓰는 것을 즐겨한다는 이유만으로 출판을 우습게 여겼던 나는 2년 전 혼자 집필을 시도했다가 실패한 경험이 있다. 나름대로 오랜 시간 고민도 했고, 주변인들의 자문도 구해봤지만 차일피

일 미루다가 시도에만 그쳤던 아주 씁쓸한 기억 중 하나였다. 혼자의 힘으로는 어려울 것 같다고 판단한 나는 전문가의 지도와 교정을 받기로 마음먹었다. 올해는 무슨 일이 있어도 해낸다는 집념으로 시작을 했더니 좋은 인연을 만났고, 그들을 통해 단시간에 많은 내적 성장을 이뤄낼 수 있었다.

두 번째 목표는 책 읽기였다. 나는 말을 하는 사람이면서 동시에 말을 써 내려가는 사람이다. 따라서 내 안에 풍성하게 축적된 지식이나 정보가 없다면 더 이상의 발전은 기대하기 어렵다고 판단했다. 그 때문인지 조금은 무식하고 무분별하게 책을 흡수했다. 특별한 목표치를 정하거나 계획을 세우진 않았지만 그냥 손에 잡히는 대로 읽었다. 재미있는 인문학 책을 발견하면 밤을 꼬박 새워 읽기도 했고, 독서를 위해 한동안 자가용을 삼가고 대중교통만 이용하기도 했다. 자기계발서, 고전문학, 인문학, 종교, 시, 소설, 에세이 가리지 않고 무작정 읽다 보니 새해 첫 달 만에 약 20권 정도 독파했던 것 같다.

내가 새해의 목표를 위해 무작정 집어 들었던 다양한 책 속에는 많은 양의 지혜와 지식이 존재했다. 그러나 그중에서도 수많은 저자들이 강조하고 반복했던 것은 바로 '독서'와 '아침 운동'이었다. 그들은 최고의 자리에 오른 사람들이 늘 이 두 가지의 중요성을 간과하지 않는다는 말을 함께 덧붙였지만 나는 한 가지 궁금증이 생겼다. 평생 귀에 딱지가 앉도록 '독서'의 찬양을 들어왔기에 수긍할 수 있었으나, 도무지 '아침 운동'은 이해가 되지 않았기 때문이다. 틀렸다고 의심하진 않았지만 왜 그렇게 생각하는지, 효과는 어떠한지 궁금해졌다.

그들의 의견을 취합해보면 아침 운동으로 생산된 활력은 그날 하루 동안 그 사람을 비추는 에너지와 아우라로 재생산된다는 것이었다. 따라서 저녁 운동보다는 아침 운동으로 시작한 하루가 우리의 삶을 더욱 역동적으로 만들어줄 수 있다는 것이다. 언제나 저녁 먹고 음식물을 소화시킨 후에 느지막이 헬스장에 도착하던 내 모습이 머릿속을 스쳐지나갔다. 아침이면 부리나케 일어나 출근하기 바쁜 직장인들에게도 그렇겠지만 프리랜서인 나에게도 언제나 아침 기상은 쉽지 않다. 오전 일정이 있는 경우에는 어쩔 수 없이 새벽 2~3시에도 기상을 강행하지만 저녁에 일정이 있는 경우 새벽기상은 오히려 내 에너지를 빼앗기는 느낌이 들기 때문이다.

그럼에도 불구하고 일단 시도해보기로 했다. 아침 일찍 일어났고, 무작정 러닝머신 위에 올랐다. 20분을 걷고 10분을 뛰었고, 윗몸 일으키기와 팔, 다리 근력운동도 잊지 않았다. 누구보다 아침을 빨리 시작했으니 시간적 여유가 많이 남는 듯했고, 운동 후 샤워를 끝마쳤으니 상쾌한 기분이 드는 것도 당연했다. 그러나 처음 시작한 3일은 중간 낮잠 없이는 버틸 수가 없었다. 오전부터 운동하느라 소진해버린 나의 에너지는 테킬라 샷을 연거푸 마신 느낌처럼 나를 몽롱하게 만들었다. 나른하고 피곤했으며 오히려 집중력이 흐트러지는 느낌을 받았다.

일주일 정도 지나고 나니 러닝머신 30분이 거뜬해졌고, 밥맛도 좋아졌다. 오후쯤 피곤해지던 나른함도 덜했고 무엇보다 저녁에 빨리 잠이 들었다. 한 달 정도 지나고 나니 왜 내가 아침 운동의 효과를 이제서야 눈치챘는지 아쉬운 마음까지 들었다. 긴 시간 실행하고 정확하게 비교 분석하여 논문과 같은 통계를 전달하는 것이 아니다 보니 나의 삶이 얼마나 윤택해졌는지 주장하기 모호하다. 그러나 나는 긍정적이고 생산적인 본인의 삶을 위해 자꾸 노력하고 누군가를 따라하는 것이 결국 자신을 성장시킬 수 있다고 믿는다. 구르는 돌에는 이끼가 끼지 않는다는 내 가슴속 명언은 자꾸만 나 스스로를 구르고, 부딪히고, 넘어지게 만들어준다. 당연히 첫 시도는 누구나 어렵다. 그러나 구르고 구르다 보면 관성에 의해 원심력이 생기는 원운동처럼, 보이지 않는 힘에 의해 볼품없는 원석이 화려한 다이아몬드로 거듭날 수 있을 것이다.

A rolling stone gathers no moss!
구르는 돌에는 이끼가 끼지 않는다

'용모단정'보다 중요한 것은
'마음 단장'

'여자'들은 고려해야 할 사항이 참 많다. 오죽하면 여성으로 살기는 피곤하다는 말이 나왔을까. 물론 '모든 여성이 그러하다'는 일반화의 오류를 범하고 싶지 않지만 적어도 '나'는 그렇게 느낀다. 남자들에 비해 머리끝부터 발끝까지 선택 사항이 더 많기 때문에 느껴지는 피로함이라 생각된다. 우선 나는 계절이 바뀌거나 감정 변화의 증폭이 클수록 머리에 변화를 주고 싶어 한다. 날씨가 후덥지근해지면 앞머리를 길러 한 번에 넘기고 싶어 하고, 찬바람 스산해질 땐 눈썹 위로 싹둑 잘라 앞머리를 내리려 한다. 뿐만 아니라 어떨 땐 긴 머리와 단발, 생머리와 파마, 염색의 컬러와 농도까지 고민하고 있다.

그뿐일까? 나는 한 번도 해본 적 없지만 이마 라인을 넓히기 위한 이마 라인 제모, 거뭇거뭇한 전신의 모(毛)들을 깔끔하게 관리해 주는 페이스, 전신 제모까지 생각하면 주기적 관리만 받으러 다녀도 내 인생의 절반이 사라질 것만 같은 피로감이 몰려온다. 또 하나의 숙제는 바로 '네일아트'이다. 손톱은 손톱대로 상하면서, 내 지갑의 돈은 어찌나 앗아가는지 참 돈 아까운 선택사항 중 하나다. 물론 깔끔히 정리된 큐티클과 가지런한 손톱을 보고 있으면 기분이 상쾌해지고 전환되는 느낌은 든다. 그러나 2~3주 정도 지난 후, '하얀 낮달'을 뒤집어놓은 듯 새 손톱이 자라고 나면 이전보다 더 지저분해진 내 손을 또 다시 마주해야만 한다.

"그럼 안 하면 되지! 누가 강요했어?"라고 묻는다면 강요한 적은 없다고 말할 수밖에 없다. 그리고 외면의 아름다움보다 내면의 아름다움이 더 중요하다고 만류하며, 모두가 '꾸밈노동'을 반대했다고 말하고 싶다. 그러나 세상은 내 맘 같지 않았다. 가진 '내면'의 힘과 '본질'에만 집중하려던 나를 처참히 짓밟는 사람을 우연히 만나게 된 것이다. 5년 전 일이었다. 그때 당시 나는, 대학원을 다니며 성실히 언어에 매진하던 20대 중반의 나이였다. '영어'로 국제 진행을 하면서도 '중국어', '일본어' 공부를 열심히 이행하던 때, '전쟁영화'에 출연할 '일본 여성' 역할로 급미팅 제안이 들어왔다. 약속된 커피숍에 도착해 앉으려던 순간, 그는 인사도 건네지 않고 내게 물었다.

"연기한다는 사람이 왜 성형을 안 했어요?"
"아⋯⋯잘못 소개 받으셨나 본데요⋯⋯. 저는 영화배우가 아닙니다."

"아니 뭐든요. 무슨 일을 하든 여자가 예뻐서 나쁠 거 없잖아
요."

"성형이 의무나 필수는 아니라고 생각하는데요?"

"조선시대 마인드를 갖고 계시네. 저 이 바닥에 오래 있어서 사
람 잘 봐요. 성형하시고 트로트 가수 해보세요."

그는 내 인생에서 만난 최악의 관계자였다. 경력을 내세우며
'나'라는 '인간의 존엄'과 '트로트 가수'라는 직업의 '가치'마저 짓
밟은 사람이었다. 물론 세월이 지난 지금은 그 때 그가 말하고자
했던 의의意義와, 업계의 시장원리를 좀 더 너그러이 이해할 수 있
다. 그러나 그는 현 시대가 부정하는 '꾸밈노동'뿐 아니라 '성형'을
당연하게 요구하던 포만무례暴慢無禮(하는 짓이 사납고 거만하며 무례
함)한 사람이었다.

그로 인해 나는 자연스레 '탈脫코르셋 운동(벗어나자는 뜻의 탈脫
과, 여성 억압의 상징 '코르셋(체형 보정 속옷)'을 결합한 말)'을 떠올렸다.
이것은 사회에서 '여성스럽다'고 정의해온 것들, 즉 여성성을 요구
하는 사회적 관습을 거부하는 움직임을 말한다.

여성 근로자에게만 예쁜 모습을 요구하거나, 짙은 화장과 렌즈,
치마 착용을 강요하는 경우들이 대표적인 예이다. 살 뺄 것을 제안
하거나, 좀 더 날씬한 몸매를 요구하는 다이어트 강요, 긴 생머리
강요도 그에 해당한다. 물론 나는 '루키즘lookism(외모가 개인 간의 우
열과 성패를 가름한다고 믿어 외모에 지나치게 집착하는 외모지상주의를 일컫

는 용어)'과 '꾸밈노동'이라고 불리는 사회적 요구를 무조건 반대하
진 않는다.

'용모 단정'이라 불리는 사회적 요구는 비단 여성에게만 제한된
사안이 아니기 때문이다. 남성 또한 매일 아침 왁스로 머리를 손질
하거나, 깔끔하게 턱수염을 제모하는 등의 '꾸밈'을 강요받고 있다.
한 번이라도 고용인의 입장이 아닌, 고용주의 입장이 되어 보았다
면 느낄 수 있을 것이다. 깔끔하고 정갈하게 차려입은 사람에게서
느껴지는 '신뢰도'와 지저분하게 대충 튀어나온 듯한 사람의 '기대
치'가 같을 수 없다는 것을. 후자는 '나태'와 '게으름'을, 전자는 '성
실'과 '전문성'을 떠올리게 한다는 것을 말이다.

그렇다면 나는, 지난날 내가 받아야 했던 불쾌한 '꾸밈노동'을,
독자들에게 똑같이 강요하기 위해 이 글을 쓰고 있을까? 전혀 아니
다. 다만, 스스로를 지켜낼 줄 아는 균형감을 가져야 한다는 것을
말하고 싶다. 사회적 역할을 제대로 수행할 수 없을 만큼의 무신경
도 문제지만 타인의 강요에만 휘둘리다 본연의 나를 잃는 것은 더
큰 문제이기 때문이다.

작가 '한귀은'은 아름다움은 총체적인 것이라고 말했다. 객관적
으로 눈, 코, 입이 잘 생기고, 체중이 적절하다고 해서 아름다운 것
이 아니라 자신의 몸에 대한 자연스러운 인정이 곧 아름다움을 만
든다고 말이다. 즉, '용모 단정'보다 중요한 것은 '마음 단장'이다.

'나'를 나로서 온전히 사랑하는 마음조차 사회의 기호에 맞게 변화
시키지 말자.

내가 나를 진정 사랑할 줄 안다면

나의 영혼은 절대 시들지 않는다!

사회가 요구하는 '용모 단장'보다 시급한 건 바로 '마음 단장'!

Chapter 4

성과를 이룰 만큼
충분히 성숙해진
장년기Inventus

물론 누군가는 나답게, 너답게,
숙녀답게, 남자답게라는 말만큼 폭력적인 말이 없다고 했다.
그 사람에게 사회 혹은 타인이 정해놓은 프레임의 행동들을 요구하고
계속해서 가둬두려 하는 거니까.

그 때문인지 요즘은 많은 이들이 나다운 게 뭐냐고 반문하기도 하고,
그 프레임에서 탈출하려고 노력하기도 한다.

내가 생각할 때 나다워진다는 것의 출발점은
내가 누구인지 아는 것이다.
'화려한 것'에 현혹되어 나를 업신여기지 않고,
'남루한 것'에 우쭐하여 남을 짓밟지도 않는 것.
네 자신을 알라는 소크라테스의 말처럼
내 존재를 귀히 여기되, 내 주제를 아는 것.

그것이 바로 '나'답게 살기 위해 채워야 될
첫 번째 단추가 아닐까?

오롯이 '나'답게,
오로지 '그대'만이

사랑은 '그렇기 때문에'가 아니라 '그럼에도 불구하고' 하는 것이며, 사랑은 기댈 곳을 찾는 것이 아니라 기대어줄 곳을 만들어주기 위해 하는 것이라며 전 국민의 감성을 자극했던 사람. 2002년 〈윤도현의 러브레터〉를 시작으로 〈야심만만〉, 〈해피투게더〉, 〈스타 골든벨〉 등 다양한 예능을 통해 입담을 과시했던 사람. 그의 어록과 명언은 정보의 바다를 끝없이 헤엄치며 공유되었고, 소신 있는 그의 발언들은 매 순간 언론을 주목하게 했다. 이처럼 말에 힘을 가진 방송인 김제동 씨와 사적인 대화를 나눌 만한 기회가 찾아왔다.

"제동이 형이 너 술 사준대."

배우로 활동하고 있던 첫사랑이자 전 남자친구 H군이 말했다. 그 당시만 해도 이건 정말 믿을 수 없는 일이었다. 그때 나는 이제막 부산 KBS에 들어가 리포터 일을 배워나가던 햇병아리였고, 그는 KBS 〈연예대상〉의 주인공이었다. 그런 그가 나를 만나는 것뿐 아니라 술을 사준다니 마치 거짓말 같았다. 어떤 것부터 물어봐야 할지, 사진은 언제 찍자고 해야 하는지조차 감이 오지 않았다. 이게 꿈인지 생시인지 구분이 가지 않아 안절부절못하고 있던 내게 일주일 후 방배동 어느 선술집에서 보자는 기약旣約만이 나를 안도하게 했다.

그날을 손꼽아 기다리던 나는 우연히 선배와 통화라도 하게 되면 신기한 마음에 녹음 버튼을 눌러 기록하기 바빴고, 한껏 들뜬 목소리로 온 가족에게 슬쩍 귀띔 해주기도 했다. 하지만 이런 설렘 때문에 혹시 약조約條가 깨어질세라 일주일 동안 비밀유지에 만전을 기하며, 그 순간을 기다렸다.

2009년 10월 26일, 어린 시절 소풍 떠나던 날보다 설레었고, 선물 꾸러미 받던 크리스마스 날보다 기대했던 그날이 드디어 밝았다. 거울을 들여다보며 여러 차례 옷매무새를 다듬고 화장을 고쳤지만, 전 남자친구의 서두름과 핀잔 덕분에 약속 장소에 일찍 도착할 수 있었다. 그가 출연했던 예능 프로그램들을 보며 메모하고 공부하던 때가 엊그제 같은데, 지금 그를 기다리는 내 모습이 혹시 꿈은 아닐까 생각했다. 그 순간, 대형 브라운관에서 튀어나온 듯 뚜벅뚜벅 걸어온 그는 한참 어린 내게 90도로 허리 숙여 인사했다. 너무 당황한 나머지 앉아 있던 자리에서 인사를 받았고, 버릇없이 대선배를 맞이하는 모양새가 되어버렸다. 일어서지도 못하고 앉지도 못하며 횡설수설하는 나를 향해 미소 지으며 편안히 앉으라 손짓했다. 주거니 받거니 술잔도 부딪치고, 우리 직업에 대한 '공허'와 '찬양' 그 중간 온도의 대화를 주고받던 중 그는 또 한 번 갑작스런 질문으로 나를 당황시켰다.

> **김제동**   들희 씨, 이 세상에서 제일 자연스럽지 못한 게 뭐라고
> 생각하세요? 정답은 없어요.
>
> **오들희**   가식적인 것? 아니면 가식적인 사람? 음……선배님은
> 뭐라고 생각하세요?
>
> **김제동**   한참 레크리에이션 할 때 있었던 일인데요, 한 아이가
> 정답란에 '자연'이라고 적었더라고요. 생각해보니까 '자
> 연'은 자연스러울 수가 없어요. 자기 자신이기 때문이
> 죠. 자연한테 "야~ 너 좀 '자연'스러워져라~" 이러지
> 는 않잖아요.
> 들희 씨! 들희 씨답게 사세요. 누구누구 같은 사람, 누
> 구다운 사람이 아닌 자기 자신이 되는 게 가장 중요해
> 요. 제 말 무슨 뜻인지 알죠?

그를 만나기 전까지 나는 어쩌면 나를 거부하며 살아왔다. 경상도 사투리가 짙은 것도, 키가 작고 왜소한 것도, 화려하게 예쁘거나 캐릭터를 살릴 만큼 개성 있지 않은 나의 외관까지 모두 다. 캐

릭터를 위해 살이라도 찌워야 하나? 진지하게 고민도 했었고, 방송인으로서 나는 왜 특색이 없을까 좌절도 했었다. 하지만 사회적 영향력이 가장 강하던 순간의 그는, 영향력이라고는 없던 나를 '나'로서 살아갈 수 있게 만들어주었다. 화려한 컬러로 장식된 도화지보다, 무색에 흰 바탕의 도화지가 더 많은 그림과 색상을 담아낼 수 있다고 말해주듯이 말이다.

물론 누군가는 나답게, 너답게, 숙녀답게, 남자답게라는 말만큼 폭력적인 말이 없다고 했다. 그 사람에게 사회 혹은 타인이 정해놓은 프레임의 행동들을 요구하고 계속해서 가둬두려 하는 거니까. 그 때문인지 요즘은 많은 이들이 나다운 게 뭐냐고 반문하기도 하고, 그 프레임에서 탈출하려고 노력하기도 한다. 내가 생각할 때 나다워진다는 것의 출발점은 내가 누구인지 아는 것이다. '화려한 것'에 현혹되어 나를 업신여기지 않고, '남루한 것'에 우쭐하여 남을 짓밟지도 않는 것. 네 자신을 알라는 소크라테스의 말처럼 내 존재를 귀히 여기되, 내 주제를 아는 것.

그것이 바로 '나'답게 살기 위해 채워야 될 첫 번째 단추가 아닐까?

열심히 일하고 친절하라.
멋진 일이 일어날 것이다!

어릴 때부터 나는 치과를 좋아했다. 치과 특유의 냄새와 기계소리도 무섭지 않았고, 치료하는 것도 전혀 아프지 않았다. 그래서인지 입구에서 들어가지 않겠다며 부모님과 실랑이를 벌이는 아이들을 보면 이해할 수가 없었다. 흔들리던 치아를 직접 손으로 뽑아내거나, 정상적으로 자란 사랑니 4개를 다 뽑고 마는 내 입장에서 치과는 가끔 방문하는 보건소 수준이었다. 자그마한 체구로 늘 당당하게 치료받는 나를 보며 원장님은 언제나 칭찬 일색이었다. 어쩜이렇게 씩씩하게 치료를 잘 받느냐며 기분 좋을 땐 할인도 척척 해주셨다. 고향에서 가장 명성 높은 원장님이자, 오래된 치과였기에나의 20년 치아는 그분께서 전부 케어해주셨다고 해도 과언이 아니다.

타지에서 바쁘게 활동을 할 때도 언제나 치아는 고향에 내려왔을 때 치료를 받았었는데 내가 나이 들어가는 것만 생각하고 원장님이 연로해지신다는 걸 까맣게 잊고 있었다. 새침데기 소녀가 어느새 무럭무럭 자라서 원장님과 가격 협상을 나누게 될 때쯤 그분의 시력과 체력이 예전 같지 않음을 느낄 수 있었다. 어머니와 함께 방문했던 마지막 날, 내 치아는 다른 혈관을 잘못 건드렸는지 꽤 오랫동안 피가 났고, 어머니는 다른 치아를 치료당할 뻔(?!)했지만 간호사의 늦은 제지로 겨우 보존할 수 있었다. 세월에는 장사 없다는 것을 실감하며 우리 가족은 추억이 깃든 전속 치과 원장님과 영원한 이별을 해야만 했다.

이곳저곳 수소문 끝에 다른 곳을 찾아가봤지만 제대로 된 치과를 발견하지 못하던 어느 날, 고가의 비용을 지불 해야 하는 임플란트 치료가 시급해졌다. 가격도 저렴하고, 친절한 원장님을 찾는 건 '욕심'이라는 생각으로 하루 바삐 알아보던 중, MBC 개그우먼인 김상희 언니로부터 강남의 어느 치과를 소개 받았다. 개인적으로 감사하게 생각하는 고마운 분이라며 무던하게 소개를 해주길래 별 기대 없이 갔더니 이미 착한 치과로 미디어에 여러 차례 소개된 아주 유명한 원장님이셨다. 첫 만남부터 느껴지던 그의 아우라와 상대를 배려하는 마음은 단시간 만에 그가 명의라는 것을 짐작할 수 있게 했다.

처음 보는 낯선 원장님이지만 10년간 버림받았던 내 치아의 진료를 전적으로 맡기던 그 순간. 나는 태어난 지 30년 만에 충격적인 사실을 접하게 되었다! 두 개의 뿌리로 자라야 했을 내 오른쪽 아래 어금니는 태생적 기형으로 인해 하나로 버텨왔다고 했다. 더 이상의 충돌을 이겨내지 못해 잇몸 밖으로 돌출하게 된 치아를 무딘 주인이 너무 늦게 인지해준 것이다. 그것도 모른 채 지난 세월 과도한 음식물을 잘게 분쇄해야 했던 그의 노동이 괜스레 미안해졌지만 임플란트 가격과 함께 미안한 마음은 자취를 감춰버렸다. 그래도 친절한 원장님만큼이나 친절히 상담해주던 간호사 분은 120만 원을 100만 원까지 할인해줄 수 있다고 했다. 온화한 의료진에 지인 할인까지 이 좋은 치과를 왜 이제야 알았을까 후회스러울 만큼 만족스러웠다. 약 15분이면 끝난다던 원장님의 유쾌한 진료가 끝날 즈음, 그는 내게 갑작스런 질문을 하나 던졌다.

원장님 "우리 상희랑 어떤 사이예요? 거의 끝나가서 이제 말하실 수 있어요."

나 "음……어떤 사이? 제일 친한 언니요."

원장님 "어……? 제일 친한~~~? 우리 예쁜 상희랑 제일 친하다고 하니 10만 원을 더 깎아 드려야겠는데요? (간호사 분께) 10만 원 더 깎아서 정리해주세요~!"

원장님 "자! 10만 원이 더 생겼어요. 뭐 하실 거예요?"

나 "네? 아…… 어…… 감사합니다!!!"(너무 당황스럽고 갑작스러워 일순간 바로 대답이 안 나왔던 것 같다.)

원장님 "그게 무슨 일이 됐든 10만 원으로 본인을 행복하게 하는 거 하세요~.^^"

나에게만 슬로모션 편집 기술이 적용된 것 같았다. 원장님의 마지막 한 문장으로 인해 내 세상이 잠시 멈춰버렸기 때문이다. 이것은 할인 금액 따위로 환산해낼 수 있는 가치와 감동이 아니었다. 밤하늘에 쏟아지는 오로라를 감상하듯 일순간 나를 망연하게 만들었다. 감사를 제대로 표현하긴 했나 스스로 반성이 될 정도로 건네주신 말이 너무 예뻤고, 아름다웠다. 말하는 사람이라고 자부하며 10년을 마이크 잡았던 내가 '지인 할인'이라는 세속적 표현을 사용할 때, 그는 내 행복에 대해 고민해주었다. 열심히 일하고, 늘 친절하면 멋진 일이 일어날 것(Work hard. Be kind and amazing things will happen!)이라던 미국의 토크쇼 진행자 코난 오브라이언Conan O'brien의 말처럼 친절은 이렇게 작은 행복과 기적을 선물한다.

매사에 열심히 일하고, 친절을 베푼다면
당신은 기적 같은 순간을 만나게 될 것이다.
Work hard, Be kind and amazing things will happen!

인생은 정신 건강순

　누구에게나 개인적으로 꿈꾸고, 희망하는 이상형이 있다. 특히 사회생활을 하다 보면 꼭 한 번씩 그런 질문을 받게 되는데 나는 늘 지적인 사람이 이상형이라고 대답을 해왔다. 다양한 주제에도 대화가 통하는 뇌섹남('뇌가 섹시한 남자'의 줄임말. 〈위키백과〉에 따르면 똑똑한 사람이기는 한데, 잘난 척하는 사람을 뜻하는 것이 아닌 은연중에 똑똑하고 지적인 면모를 보여주는 사람을 가리키는 단어)뿐만 아니라, 외적인 모습도 안경 쓴 사람들을 유독 좋아했다. 이해하기 쉽게 예를 들자면 배우 한석규, 박신양, 아나운서 손석희, 가수 이석훈 등의 이미지가 바로 내 이상형 범주에 들어가는 분들이다. 하지만 아이러니하게 단 한 번도 안경 낀 남자와 교제해본 적이 없다. 즉, 대화가 잘 통하거나 웃음코드가 잘 맞는 소프트웨어적 이상형은 만나왔지만 하드웨어적 이상형은 아직까지 꿈만 꾸고 있는 상황이다.

　지인과의 식사자리에서 우연히 만난 전 남자친구는 소프트웨어적 이상형과 정확하게 일치하는 사람이었다. 대화가 잘 통했고 음식

매일 행복할 순 없지만
행복한 일은 매일 있으니까!

우리의 인생은 성적순이 아니라
정신 건강순이라는 것을 잘 알고 있기 때문이다.

이나 취미생활, 문화 예술 공연을 함께 즐길 만큼 선호하는 것들이 비슷했다. 우리의 데이트 코스는 언제나 서초동에 위치하는 '예술의 전당'이었고, 공연이 끝나면 긴 공연 시간만큼 함께 수다를 떨며 '예술'에 대해 토론하기 바빴다. 그렇게 연애를 하던 어느 날 문득, 그와의 대화가 다른 이들과의 대화보다 수준은 높지만 썩 유쾌하지 않다는 생각을 했다. 한반도 대치 상황, 미국의 정치경제, 인문학적 사고의 필요성 등의 이야기를 나누다 보면 내가 교수님과 있는지 남자친구와 있는지 구분이 되지 않았다. 결국 내 인생 최단시간의 연애를 기록하며 그와의 만남은 종지부를 찍어야 했다.

그와 헤어진 후 나는 어쩌면 이 모든 원인이 내 주변 환경에 있는 게 아닐까 생각했다. 평소 내가 가장 자주 만나고 친하게 지내는 대부분이 개그우먼이자 희극 배우들이다 보니 그들과는 특별한 일 없이 만나더라도, 만날 때마다 포복절도抱腹絶倒를 했다. 누군가를 웃게 하라는 독재자의 명령이나 무언의 압박을 받는 것도 아닌데, 웃기지 않으면 좀이 쑤시는 듯 눈에 불을 켜고 재미 요소를 찾아 헤매는 듯했다. 처음엔 강박관념이나 직업병의 일종이 아닐까 생각했다. 하지만 "웃음 없는 하루는 낭비한 하루"라던 찰리 채플린의 말처럼 그들에게 웃음 없는 인생은 앙꼬 없는 찐빵이자, 오아시스 없는 사막이었다. 그들 덕분에 이제는 지적이고 진지한 사람보다 유쾌하고, 재미를 추구하는 사람들에게 더욱 매력을 느낀다. 내 이상형마저 바꿔버린 '웃음'의 힘은 생각보다 위대했다.

이처럼 유쾌함으로 시청자들의 사랑을 한 몸에 받은 대표적인 예로 방송인 노홍철 씨가 있다. "좋아, 가는 거야!", "여러분! 하고 싶은 거 하세요!"라며 금발 머리 휘날리던 그는 청춘의 희망전도사이자 도전의 아이콘이다. 그는 스스로를 '재미있는 걸 참 좋아하며, 하고 싶은 걸 하는 사람'이라고 소개했다. SNS 곳곳에는 누군가에게 질문하듯 혹은 스스로에게 주문을 걸듯이 'If it's not fun, why do it?'이라는 글귀가 도배되어 있는데, 그 글은 단순하지만 많은 이들에게 귀감이 되고 자극이 된다. '재미없다면 왜 해?'라는 뜻으로 해석할 수 있는 이 한 줄은, 나를 다시 움직이게 하는 원동력이기도 했다.

"재미없게 사는 건 유죄!"라고 외치는 그가 특별하거나 조금은 다르게 느껴지는 이유는, 현재 우리 사회에서 재미를 찾는 일이 쉽지만은 않기 때문이다. 복잡하고 삭막한 환경에서 현대인들은 다양한 정신장애에 시달리고 있는데 대표적인 유형으로 외상 후 스트레스 장애PTSD와 공황장애, 우울증 등이 있다. 특히 이 중 공황장애나 우울증은 유명 연예인에게만 해당된다고 여겨 왔지만, 현대인들에게 가장 많이 나타나는 정신적 장애 중 하나이다. 통계에 따르면 국내 성인 70만 명 이상이 우울증 증세를 갖고 있고, 지난 5년 사이 20대 청년 우울증 환자수는 44% 이상 증가했다고 한다.

'인생은 성적순'이라는 공식으로 주입식 교육을 받아온 청년들은 마음의 병 앞에서 금세 무기력해지고 만다. 목표했던 성적과 대학 입학을 이루었음에도 불구하고 '나'의 존재는 잊거나 잃어버리기 때문이다. 사실 지금 이 글을 쓰고 있는 나는 삶의 만족도와 행복지수가 매우 높은 편이다. 그럼에도 가끔은 절절한 외로움에 빠진다. 내 인생이 가장 찬란하고 재미있는 것 같다가도, 어쩔 땐 인적 드문 외딴섬에 혼자 덩그러니 남겨진 듯 쓸쓸하고 공허하기만 하다. 하지만 그럴 때마다 나는 좋은 영화와, 좋은 책을 통해 위로받으려 노력한다. 명상을 하거나 깊은 호흡에 집중하는 것도 잊지 않는다. 앞으로 우리의 인생은 성적순이 아니라 정신 건강순이라는 것을 잘 알고 있기 때문이다.

나는 이 책을 읽는 모두가 조금 더 단단해지기를 바란다. 울퉁불퉁 근육질의 몸매를 가꾸듯, 모난 말과 거친 상황들을 이겨낼 수 있는 단단한 정신이 우리에게는 꼭 필요하다. 물론 매 순간 웃을 수 없고, 매일 행복할 순 없다. 그러나 두 눈을 반짝이며 웃음거리를 찾아 헤매던 개그맨이나 희극배우들처럼 조금 더 일상에서 재미를 추구하고, 재미있는 삶을 살 수 있기를 바란다. 곰돌이 푸우의 말처럼 매일 행복할 순 없지만 행복한 일은 매일 있으니까!

재미없게 사는 우린 모두 유죄!
If it's not fun, why do it?

헬[Hell] 조선? NO!
헬로[Hello] 조선!

나는 우리나라를 아주 사랑한다. 애국심이라는 거창한 말은 내게 어울리지 않지만, 그냥 내가 소속된 내 국가를 조건 없이 애정한다. 소위 요즘 젊은 세대들이 말하는 국뽕(?)에 취해서 벗어날 생각이 없는 사람이다. 제2 외국어가 일본어였을 때 우리나라를 35년 간 핍박했던 나라의 언어를 우리가 왜 아직도 배우고 있어야 하느냐고 선생님께 대들었던 기억이 난다. 역사의식이 뛰어났던 것도 아니면서 우리나라를 사랑하는 마음은 결국 일본을 이유 없이 증오하게 만들었다.

5남매를 키우시느라 밤낮없이 일하느라 바빴던 부모님의 영향은 받을 만한 게 없었고, 내가 왜 이렇게 나라를 사랑하는지 생각해보니 딱 한 사람이 떠올랐다. 지금도 직업군인으로서 나라를 위해 청춘을 바치고 있는 우리 둘째 언니. 국가를 위해 목숨을 바칠 수만 있다면 그것은 더할 나위 없는 영광이라는 말과 함께 이라크 파병에 지원하던 언니는 동생인 내가 봐도 멋있었다. 초등학생이던 나에게 언니는 꽤 많은 나이라 여겨졌지만, 이제와 생각해보면 유별난 애국심을 자랑하던 그때 나이 고작 16, 17세 정도였다. 주변의 모든 친구들이 나이키, 아디다스 등의 외국 운동화를 뽐내며 자랑할 때 운동선수였음에도 불구하고 언니는 꼭 국산 운동화만 신었다. 그 덕분에 나이키를 신고 싶어 했던 내 운동화마저도 늘 르까프, 프로스펙스였다는 건 조금 씁쓸한 추억으로 남아 있다. 국산제품만 애용하고, 대한민국을 사랑하던 둘째 언니 덕분에 나는 그렇게 어린 시절부터 강제(?!) 애국자가 되었다.

스스로 흥미를 느끼거나, 배우고 싶지 않으면 누군가 돈을 줄 테니 배워보라고 해도 절대 시작하지 않는 나는 태어날 때부터 뚱고집을 타고났다. 초등학교 때 포기한 '수학' 과목이 그 대표적인 예다. 하지만 반대로 배우고 싶은 게 생기면 무슨 수를 써서라도 배워야 되는 집념도 덤으로 함께 왔다. 고등학교를 졸업하고 대학교, 대학원을 졸업할 때까지 지난 10년 동안 다양한 언어만 집중적으로 공부하다 보니 평소 더 깊이 공부하고 싶었던 우리나라 역사에 대한 갈증이 항상 있었다. 그런데 간절히 바라다보니 나타난 건지, 원래 나타날 기회였는데 내가 꽉 거머쥔 건지는 모르겠지만 어느 날 갑자기 국군장병들에게 근현대사를 가르칠 수 있는 기회가 찾아왔다.

누군가를 가르친다는 건 엄청난 학습량이 필요한 것이기에 숱한 밤을 새워야 했음에도 즐거웠다. 하나씩 우리 역사를 되짚어 나갈 수 있는 기회가 생긴 것에 진심으로 감사했고 내가 전하는 말 한 마디 한마디에 영향력이 생길 수 있다고 하니 책임감까지 생겼다. "역사를 잊은 민족에게 미래는 없다"라는 말이 늘 마음 한구석을 불편하게 만들었는데, 그들을 실망시키지 않는 것 같아 뿌듯하기도 했다. 들뜬 마음으로 근현대사를 공부하던 나는 전쟁 영웅들의 희생과 용기와 애국심에 감격하여 잠시 동안 아무것도 할 수가 없었다. 일제강점기 35년을 겨우 벗어났더니, 동족상잔의 비극 6·25 전쟁이 기다리고 있었던 내 나라 나의 조국. 어찌하여 한이 없고, 악이 없을 수 있을까? 경이로움과 안타까움이 동시에 일며 내 가슴은 저릿하게 아파왔다.

농민들이 지키고, 국민들이 함께 만들어온 이 나라를 헬 조선이라고 부르는 요즘의 세태에 대해 나는 가끔 복잡한 마음이 든다. 불평할 수밖에 없는 젊은 세대들의 마음도 이해가 되고 혀를 끌끌 차며 그 현상에 반감을 갖는 기성세대들의 마음도 이해가 간다. 그러나 내 나라 내 조국을 사랑하는 건 나이, 성별, 종교, 정치적 성향과는 무관하다. 나는 어릴 때 더욱 사랑했고, 직업군인인 둘째 언니는 나이가 들수록 더 나라에 충성하며 산다. 요즘 대한민국을 사랑하는 만큼 발언하고 행동하는 수많은 사람들 중 나를 가장 놀라게 한 건 유준상 선배님이었다. 이 책의 6장에 나오는 노교수님 두 분의 수양아들이기도 한 선배님은 둘째가라면 서러운 애국자였다.

인생에서 가장 중요하다는 결혼식은 101년 전 대한독립 만세가 울려 퍼졌던 3월 1일, 특수 제작된 대형 태극기를 결혼식장 정면에 걸고 거행했다. 신혼여행은 역사의 주요한 심장부 역할을 했던 상해 임시정부 근처로 떠났다. 그는 나라를 사랑한다고 자부했던 나를 한없이 작아지게 만드는 분이었다. 다시 만나면 꼭 존경한다는 말을 전해야겠다!

우리가 누군가를 진심으로 사랑할 때, 그 사람이 주변 사람들 중 가장 대단하고 잘나서 좋아하는 것은 아니다. 다른 사람에 비해 무능력하거나 보잘 것 없더라도, 사소한 이유 하나가 사랑의 씨앗이 되어 꽃피기도 한다. 우리가 살아가는 대한민국 역시 자긍심을 갖게 만드는 점도 많지만 여전히 미국의 군사지원 없이는 홀로 설 수 없는 나약한 국가이다. 그러나 그 나약함으로 한강의 기적을 이뤄냈고, 그 기적으로 IMF를 극복해버린 나라이기도 하다. 그렇다고 다른 이들에게 애국심을 강요하고 싶지 않고, 같은 생각을 주입시킬 생각도 없다. 하지만 대한민국 국민들만이 이곳을 지옥이라 부를 뿐, 전 세계는 우리를 향해 반갑게 손 흔들며 인사하고 있다는 사실. 잊지 말기를 바란다. 특히 코로나19 팬데믹 상황에서 선진국보다 더 수준 높은 감염병 대응과 국민의식을 보여주는 것에 자부심을 갖고 이제 스스로를 선진국 국민으로 생각해도 되지 않을까?

헬Hell 조선? NO!

헬로Hello 조선!

모든 만남은 우연이 아니다.
인연의 소중함

누구에게나 코드 같은 것이 있다. 특히 그중에서도 대화코드가
정확히 일치하는 것을 느끼고 나면 시간 가는 줄 모르고 수다 삼매
경을 펼치는데, 이럴 경우 쌍방이 같이 희열을 느끼게 된다. 방송
일을 꽤나 오래 한 하늘 같은 선배인 리포터 하지영 언니는 대화를
통해 경력의 장벽을 허물게 된 소중한 인연 중 한 명이다. 만날 때
마다 사소한 챙김을 받는 것이 감사해서 다음번엔 꼭 내게도 보답
할 기회를 달라고 말해봤지만 번번이 실패하기만 했다.

그녀를 처음 만난 곳은 그녀의 토크 콘서트 〈하톡왔숑〉 공연장
이었다. SBS에서 꽤 오랫동안 연예소식을 소개해주던 그녀는 브라
운관에서 보던 모습과 같이 밝고 유쾌하며 에너지가 넘쳤다. 공연
장을 찾아준 관객 및 지인들로 붐비던 그곳은 '하지영'이라는 사람
을 마주하기 위해 줄지어 기다리는 사람들의 모습으로 가득했다.
그럼에도 그녀는 모든 분들을 뒤로한 채 방송인 후배들을 한데 불

러 모았다. 공연에 초대받은 것만으로 감사하게 생각하고 있는 우리에게 와주어서 고맙다는 인사를 건네기 위함이었다. 한 명 한 명에게 눈을 마주치며 인사를 전하던 그녀는 자신의 연락처와 함께 한마디를 툭 던지고 사라졌다.

"방송하다가 힘든 일 있으면 여기로 전화해요! 내가 해결해줄 수 있을지는 모르겠지만 뭐든 도와줄게요!"

후배가 선배에게 감사함을 느끼기는 쉬워도, 선배가 후배에게 감사를 전하는 일은 사실상 쉽지 않다. 가깝지 않은 후배의 힘든 일을 해결해주고자 하는 그녀의 마음에도 놀랐지만, 낯선 후배들에게 진심으로 감사를 표할 줄 아는 모습에 더욱 놀랐던 것 같다. 같은 일을 하고, 같은 길을 걷게 될 후배들에게 아낌없는 위로와 응원을 해주려고 하는 그녀에게 나 또한 감사한 마음이 들었다. 그러나 딱 한 번 마주친 선배에게 거리낌 없이 전화할 만큼 당찬 후배는 아니었던 나는 훈훈했던 첫 만남의 기억만을 간직한 채 그녀의 연락처를 묻어두었다. 시간이 흐르고 우리의 두 번째 만남 또한 그녀의 토크 콘서트장이었다. 한여름 밤 루프탑에서 하는 꽤 큰 규모의 콘서트였기에 나는 입장할 때 관객들의 티켓 받는 일을 도와줄 수 있었다. 그녀는 첫 만남에서 그랬던 것처럼 또 한 번 내게 진심어린 감사를 표하며 나를 두 번 놀라게 했다.

"오늘 정말정말 고마워! 언제라도 언니 도움이 필요할 땐 언니 찬스 써! 혹시 게스트가 필요하다면 무보수로 나가줄게!"

그날의 감동이 이어져서인지, 인연의 끈이 우리를 만나게 한 것인지는 모르겠지만 우리는 그날 이후 자주 만나서 영화를 보고 밥을 먹었다. 평소와 다르지 않던 어느 날엔, 우연히 만나 샤브샤브를 먹게 되었다. 태어나서 열 번도 샤브샤브를 먹어본 적 없는 나와, 일주일에 한두 번씩은 꼭 샤브샤브를 먹는 그녀는 서로를 이해할 수 없다는 듯 질문을 이어갔다. 도대체 그럼 무엇을 먹고 사느냐는 그녀의 질문과, 왜 그렇게 샤브샤브를 좋아하냐는 나의 질문이 끝없이 오고갔다. 그녀의 설득력은 꽤 논리적이었다. 우선 첫 번째, 야채를 많이 먹을 수 있다는 고마움과, 금방 배부르고 쉽게 배가 꺼지는 포만감이 좋다고 했다. 둘째로는, '식욕'이라는 인간의 기본 욕구를 억제하며 살아야 하는 방송인들에게는 없어선 안 될 일등 식단이라고 했다. 매번 방송 할 때마다 보름달같이 부어 보이는 나의 얼굴형에 늘 불만이 많았는데, 촬영 전날까지 자극적인 음식으로 일관하던 내게 어쩌면 당연한 결과였던 것 같다. 결국 그날은 샤브샤브라는 건강식에 대한 고마움과 방송을 위한 그녀의 절제력을 느낄 수 있는 특별한 식사시간이었다. 신나게 점심을 먹고 커피숍에 갔다가, 불현듯 궁금한 마음이 들어 그녀에게 물어보았다.

"언니, 어쩌다 우리가 이렇게 친해졌죠?"

"대부분 선·후배가 가까워질 수 있는 건 선배가 후배한테 마음이 열릴 때부터 가능한 것 같아. 후배가 선배랑 친해지고 싶다고 해서 무작정 가까워지지는 않거든. 어렵기도 하고. 내가 선배들한테 도움받고, 챙김받을 때는 몰랐는데 내가 선배가 되어보니 진실되 보이는 후배한테 마음이 많이 가는 것 같아. 들희 너가 그래 보였고."

그렇다. 어쩌면 우리 주변에 얽혀 있는 모든 인연들은 우리의 선택일지도 모른다. 《너의 췌장을 먹고 싶어》라는 스미노 요루 작가의 소설에서도 다음과 같은 구절이 나온다. 모든 '만남'은 우연도, 운명도 아닌 여태껏 해온 본인의 선택에 의해, 즉 각자 자신의 의지에 따라 마주치는 것이라고. 결국 표현하지 않았지만 나는 후배에게도 감사할 줄 아는 그녀의 마음이 좋았고, 그녀는 나의 진실됨을 좋아해주었다. 우리의 사소한 만남들은 스스로 선택한 것이며, 그 선택은 우리의 마음이 움직이는 대로 따라간 결과였다. 사소한 만남과, 우연을 가장한 인연들을 무시하지 말자. '노사연' 씨의 〈만남〉이라는 노래에 나오는 가사 말처럼 우리의 만남은 결코 우연이 아니다!

모든 '만남'은 우연도, 운명도 아닌
여태껏 해온 본인의 선택에 의해,
즉 각자 자신의 의지에 따라 마주치는 것이다.

보기 좋은 꼰대는 없다

누구나 가슴속에 말 못 할 비밀 하나쯤은 품고 산다. 어린 시절 부모님 몰래 시도해본 금기 사항, 우연히 보았지만 아무도 신뢰하지 않을 밤하늘의 UFO, 친구 혹은 연인과 묻어두고 온 지난 추억 속의 비밀 등 아직 밝혀지지 않았거나 알려지지 않은 이야기가 있기 마련이다. 긍정적인 비밀도 있겠지만 부정적인 것일 경우 비밀을 밝히지 않는 이유는 대개 세 가지로 나뉜다. 알려져서 나에게 득이 될 게 없거나, 남에게 득이 될 게 없는 것 혹은 둘 다일 경우에 그러하다.

나에게도 그런 비밀이 있다. 벌써 10년 전 이야기다. 미투 운동 Me Too movement(미국에서 시작된 해시태그 운동. 2017년 10월 하비 와인스타인의 성폭력 및 성희롱 행위를 폭로하고 비난하기 위해 소셜 미디어에서 인기를 끌게 된 해시태그#MeToo를 다는 행동에서 출발했음)이 활발해지기 시작한 후로 내 머릿속을 계속 맴돌던 한 남자. K본부의 대표 프로그램 아나운서로 활동하던 J선배는 교수님의 소개로 내게 방송국 이곳저곳을 관람할 수 있게 도움을 주었다. 20살이던 내게 KBS 라디오 참관 및 견학은 엄청난 기회 중 하나였다. 이처럼 방송국에서 그의 호의는 내게 충분히 감사한 일이었다. 그러나 최악의 상황은 저녁을 먹으면서부터 시작되었다. 미래지향적인 조언만 해줄 것 같던 선배는 내가 듣고 싶어 하지도 않던 성적인 농담들을 안주처럼 건네기 시작했다. 오랫동안 교제하던 남자친구와 헤어져야 할 시기라며 '이별'을 권하거나, '바람' 피우는 행위를 권장하기도 했다.

끊임없는 음담패설에 불편함을 드러내던 나에게 그는 늦었으니 집에 데려다주겠다며 그의 차를 가리켰다. 처음 보는 선배와 나누고 싶지 않던 불쾌한 이야기들을 장시간 주고받다 보니 부담스러움도 느꼈고, 충분히 걸어갈 수 있을 만큼 집도 가까웠기에 나는 혼자 걸어가겠다고 했다. 하지만 그는 선배된 도리에 어긋난다는 것을 계속 강요하며 나를 억지로 차에 태웠다. 차에 타자마자 그는 성 접대를 요구했고, 두려움에 온몸을 파르르 떨고 있는 나를 모텔 앞으로 데려갔다.

"이 꿈을 이루기 위해 누군가의 품에 안겨야 한다면 그게 당신이 아니라 다른 누구라 해도 절대 허락하는 일 없을 거예요."

용기 있고, 당차게 그에게 언성을 높이거나 내 주장을 피력하진 못했다. 너무 무서웠기 때문이다. 하지만, 그때 당시 내가 할 수 있는 최대한의 용기를 내어 거절했다. 그 말을 들은 그는 내가 아직 때가 덜 묻었다며, 이 바닥에서 좀 더 굴러보고 자신을 찾아오라며 코웃음을 쳤다. 그 후로 나는 그가 착용했던 뿔테안경만 봐도 화들짝 놀라며 몸을 숨겼고, 비슷한 목소리만 들어도 보고 있던 모든 매체를 꺼버리곤 했다. 심지어 그는 가정이 있었음에도 불구하고, 내게 그런 제안을 했었는데, SNS에는 종종 화목한 가족사진을 올리며 위선적인 행동을 보였다.

그의 비상식적인 태도는 아직까지 내게 트라우마로 남아 있을 만큼 충격적인 사건이었다. 하지만 흔히 볼 수 있는 성범죄 피해자들의 인터뷰와 다르지 않게, 나는 주변인들로부터 2차 가해를 받았다. "그러게 저녁을 왜 같이 먹었어!", "차에는 왜 탔니? 왜 바로 안 내렸어?", "평소 네가 너무 웃어주는 것도 문제야." 주변의 사소한 말이 인생을 송두리째 흔들어놓던 어린 시절의 나는, 웃음이 많은 스스로를 비판하고 자책하기 시작했다. 남자의 호의는 의심부터 했고, '여성'이 과연 남성과 동등하게 직업을 가질 수 있는 존재일까? 의구심을 갖기 시작했다. 그 질문의 답은 결국 이분법적으로 나뉘어버렸다. 여자가 '꿈을' 이루려면 성性적 수치심을 극복하거나, 포기하거나 둘 중 하나밖에 없다고 말이다. 이제와 돌이켜보면 모든 것은 나의 문제가 아니라 그의 문제였다. 10년이라는 시간이 흐르고, 온전한 어른이 된 후에야 나 스스로에게 말할 수 있었다. 그건 네 잘못이 아니었다고……

내가 이 글을 장년기에 첨가한 이유도 그 때문이다. 믿기지 않거나 혹은 당연한 이야기겠지만 사회적인 힘이나 권력을 갖고 있는 사람들 중 대개는 그 힘을 악용한다. 술안주를 질겅질겅 씹어대듯 이성과의 관계에 대해 서슴없이 묻거나, 메스꺼운 스킨십을 한 후 뻔뻔하게 본인이 화내는 경우도 허다許多하다. 이 악순환의 뿌리가 전형적인 꼰대의식에서인지 젠더 감수성의 부재 때문인지는 잘 모르겠다. 허나 반복되는 악습을 모두가 침묵하다 보니 일상생활에서 공공연하게 받아들여지고 있다는 것만은 확실하다. 어쩌면 우리 모두 '좋은 게 좋은 거야'라는 무서운 권력 뒤에 숨어, 보이지 않는 방관과 동조를 일삼고 있었는지도 모른다.

보기 좋던 선배가, 술 마시면 꼴도 보기 싫은 꼰대가 되어 추태를 부리게 되는 마술. 그 기묘한 이야기의 방관자가 되지 않으려면 나부터 멋진 어른이 되어야 한다. 비겁하게 눈감지 않고, 부당함에 순종하지 않으며 잘못된 것을 바로 잡을 줄 아는 참된 어른. 우리 주변엔 우리가 생각하는 것보다 훨씬 더 많은 사건, 사고들이 만연하다. 장년기는 성장의 절정에 있는 때이며, 남에게 도움이 될 준비가 된 상태이지 그 권력을 남용하는 때가 아니라는 것을 잊지 말자.

장년기는 내가 가진 권력으로
남에게 도움이 될 준비가 된 상태이지
불필요한 것을 요구하는 시기가 아니다.

Chapter 5

자신의 가치가
가장 높고 무거운
중년기Gravitas

뭐라 이해를 시키고, 설명을 해야 내 직업이 그럴듯하게 포장될까 밤새 고민해봤지만 난 설명할 필요가 없었다. 그 사람을 이해시킬 필요도 없었던 것이다.

어쩌면 그는 내 '열정'에 대한 관심보다 사회적으로 '인정'하는 자격들에 더 관심이 있었을지도 모른다. 과거의 내 노력보다는, 코로나를 버티고 있는 현재만 바라봤을 테고, 미래의 내 비전보다는 내가 소유하고 있는 어떤 물질들을 주의 깊게 살폈으리라. 10년 동안 그래왔듯이 일이 있을 때나, 없을 때나. 누군가가 인정을 해줄 때나, 해주지 않을때나. 나는 묵묵히 나의 길을 가면 되는 것이었다.

한마디로 정의할 수 없는 당신의 '비전'에 대해, 불안정하고, 타인으로부터 존중받지 못하는 당신의 '꿈'에 대해 구태여 설명 하지 마라. 보여주면 된다.

한마디로 정의할 수 없는 나의 꿈,

설명하지 않아도 괜찮아.

인생의 멋진 일은
대부분 후반부에 일어난다

나는 평소 고전 영화를 즐겨본다. 누군가가 잔뜩 흥분한 채로 최근 본 영화에 대해 질문할 때면 괜스레 미안해질 정도로 클래식 영화를 좋아한다. 제목을 말할 때마다 이해가 안 된다는 듯이 되묻거나 아리송한 표정을 짓는 그들의 반응 또한 영화의 재미 요소 중 하나이다. 하지만 내가 처음부터 고전 영화만 고집했던 것은 아니다. 〈타이타닉〉이라는 영화를 여러 번 보다 보면 내가 처해 있는 시기와 상황, 사회적 위치, 감정 상태에 따라 다양한 장면들을 발견할 수 있을 거라는 어느 영화감독님의 추천에 따라 좋아하기 시작했다.

사랑이 무엇일까 추측조차 불가능하던 10대 때는 〈타이타닉〉의 비극적 사랑에 가슴 아파 했다. 그러나 20대에 다시 보니 확연히 드러나는 잭과 로즈의 신분격차, 죽음을 눈앞에 두고도 연주를 선택했던 예술가들, 아이를 등에 업고서라도 생존권을 사수死守해야 했던 약혼남까지 좀 더 입체적으로 영화를 만끽할 수 있었다. 덕분에 내가 평소 즐기는 고전 영화는 〈타이타닉〉뿐 아니라 〈티파니에서 아침을〉, 〈오만과 편견〉, 〈Before 시리즈(비포 선라이즈, 비포 선셋, 비포 미드나잇 순으로 연결되는 18년 동안 완성된 3편의 영화)〉, 〈라비앙 로즈〉, 〈첨밀밀〉 등 꽤 다양하다.

> '인연이 있다면 천리 멀리에 떨어져 있어도 만나지만, 인연이 없다면 얼굴을 마주하고 살지라도 만나지 못할 것이다.'

〈첨밀밀〉에 나오는 주옥같은 문장을 보며 온몸으로 감동하고 있을 때 고등학교 동창인 '한아람' 양으로부터 메시지가 왔다. 1년이 채 되지 않은 딸과 육아전쟁을 치르느라 정신없이 바쁠 텐데도 내가 일할 때 도움이 될 만한 좋은 글을 발견했다며, 멋진 문장을 보내주었다. 일 년에 한 번 만날까 말까 하는 친구지만 나는 그녀와의 끊을 수 없는 인연이 존재한다고 믿는 사이다. 왜 그럴까 곰곰이 생각도 해봤지만 딱히 적절한 이유를 찾아내지 못했다. 다만 각자의 삶을 영유하고 있는 바쁜 일상 속에서도 함께했던 지난 시간들을 기억하고 그리워하고 있음을 서로가 느낄 수 있기 때문인 것 같다.

나무위키에 따르면 시절인연時節因緣은 모든 사물의 현상은 시기가 되어야 일어난다는 말을 가리키는 불교용어이다. 내가 고등학교 친구와의 인연을 생각하듯 인간관계만을 뜻하는 것이 아니라 모든 만물의 인연은 자연의 섭리대로 그 시기가 정해져 있다는 뜻을 내포한다. 나는 이 현상이 '꿈'에도 적용된다고 생각한다. 젊은 시절 수차례 시도했지만 불가능했던 누군가의 '꿈'이 하룻밤 사이에 거짓말처럼 실현되기도 하니까 '사람 일은 알다가도 모를 일'이라는 말이 생겨난 듯하다. 이처럼 희망하고 꿈꾸는 일에 늦은 때란 없다. 각 분야의, 다양한 사람들이 그들의 삶을 통해 이를 증명하고 있다.

시니어 모델 김칠두 선생님이 대표적인 예다. 어려운 가정 형편으로 인해 꿈꾸던 모델 일을 접고 순댓국 장사를 하던 그는 64세의 늦은 나이로 모델계에 입문했다. 한 인간의 노화를 자연스럽게 담아낸 은빛의 모발과 턱수염은 20대의 모델이 감히 흉내낼 수 없는 삶의 흔적이자 그의 트레이드마크가 되었다. 대한민국 최초의 시니어 모델이자 인생역전의 상징이 된 그는 죽을 때까지 모델로서 살다가 떠나고 싶다고 말하고 있다.

이처럼 삶의 풍파를 이겨내고 마침내 '꿈'을 만난 사람의 형용할 수 없는 아우라는 모두를 감탄하게 한다. 3분 데워 입에 넣는 패스트푸드와 3일을 푹 고와 만든 삼계탕의 감탄사가 다를 수밖에 없지 않을까? 당신의 '꿈'을 패스트푸드로 소비할 것인지, 삼계탕으로 음미할 것인지는 그대의 기다림에 달려 있다.

《평생 감사》의 저자인 전광 목사는 "더딘 삶, 미완성을 다행으로 여기며 감사하라"고 말했다. 완성이 더딜수록 성취감은 숙성되어 그 맛이 그윽하다. 시절인연이 무르익지 않았을 땐 굳이 애쓰지 말고, 때 쓰지 마라. 미완성에 감사하며 기다려 보라.

인생의 멋진 일은
대부분 후반부에 일어난다.

겸손의 힘, 겸손은
당신을 더욱 빛나게 한다

글을 쓰기 시작할 때 다짐한 게 있다. 어느 누구도 상처 주지 않는 글을 쓰자고. 비난과 회한의 감정보다는 존경, 사랑, 온화함이 배어 있는 아름다운 이야기들만 담아내고 싶었다. 그러나 쓰면 쓸수록 이별의 상처, 나를 곤경에 빠뜨린 누군가에 대한 원망, 존중받지 못한 순간의 분노 등 읽는 이들을 눈살 찌푸리게 할 만한 내용들이 담긴 것 같아 아쉬움이 남는다. 하지만 마르크스도 말하지 않았던가. "인간과 관련된 어떤 일도 사소한 것은 없다"고 말이다. 나와, 내가 처한 상황들을 머릿속으로 상상하며 읽었을 독자들이 너그러운 마음으로 이해해주길 바란다. 또한, 앞으로도 비슷한 상황을 떠올리게 하는 글귀를 마주한다면 맘껏 분노하고 함께 위로받을 수 있기를 진심으로 희망한다.

앞서 언급했던 '시련'의 이야기들 속에서 이미 드러났겠지만, 나는 자존감이 매우 높은 사람이다. 난관에 봉착하더라도 자체회복

능력이 뛰어나다고 판단하며, 스스로를 가장 먼저 돌보는 유형의 사람. 하지만 흘러넘치는 '자기애'와 '자존감'에 비해, '자신감'은 다소 부족한 편이다. '칭찬'을 있는 그대로 받아들이지 못하는 것, '인간관계'의 모든 불균형은 내 부족이라 여기는 것, '운동'을 할 때 사소한 실수에 너무 연연하는 것 등 다양한 사례를 통해 알 수 있다. 하지만 그것이 가장 드러날 때는 바로 '일할 때'이다. 어떻게 보면 자체적으로 '자신감'을 꺾어버리기도 한다. 업무의 성공률이 높으면 높을수록, 업무가 많으면 많을수록 그 '일'을 대하는 태도가 '겸손'과는 멀어진다는 것을 알기 때문이다. 언제나 '과한 자신감'은 나를 덜 긴장시키고, 덜 준비하도록 만들었다. 처음부터 그랬던 건 아니지만 10년 동안 같은 일을 반복해오며 얻은 인생의 교훈 중 가장 주의하는 부분이기도 하다.

　그 이유 때문인지 일을 할 때 좀 예민한 편이다. 둔하디둔한 내가 후천적으로 예민해진 이유를 찾아보니 스스로를 믿지 못하기 때문이었다. 잘 잊고, 놓치고, 잦은 실수를 반복하는 나는, 조금만 '자아도취' 해도 실수담 하나를 '뚝딱!' 만들어내는 능력의 소유자다. 내가 가진 '재능'을 과신하고, 충만한 '자신감' 때문에 준비하고 연습하는 일에 소홀히 할 때면, 태도는 안일해지고 그 에너지는 습관이 되었다. 습관이 반복되면 결국 그것은 내 실력이 되었고, 무한한 성장을 방해하는 주범이었다. 넘치는 '자기애'와 '자존감'에도 불구하고 일할 때 있어서 '자신감'을 강제로 추락시켜버리는 것은 내가 평생 '겸손'하기 위해 만들어낸 방법 중 하나이다.

15년 전, 두루마리 휴지 한 통을 다 써버릴 만큼 나를 울게 만든 영화가 있었다. 처음 보는 낯선 얼굴이지만 이 세상 어딘가에 실제로 존재할 것 같던 순박하고 촌스럽던 남자. 영화 〈너는 내 운명〉의 '김석중'이다. '칸의 여왕'이라 불리며, 이미 연기파 배우의 입지를 다지던 여배우 '전도연' 씨와 호흡을 맞춘 무명배우 '황정민'. 그가 처음으로 세간의 주목을 받았던 건 26회 청룡영화제 남우주연상 수상자로 호명된 순간이었다. 생애 첫 남우주연상을 거머쥔 그는 스스로를 '일개 배우 나부랭이'라고 소개했다. 60명 정도 되는 스태프들과 배우들이 차려준 밥상에 밥숟가락 하나 얹어놓고, 스포트라이트를 다 받는 것이 미안하다는 말도 덧붙였다. 함께 연기한 '전도연'에게 "너랑 같이 연기하게 된 건 나에게 정말 기적 같은 일이었어"라고 상대에게 공을 돌리던 그는 아직도 겸손의 대명사로 언급되고 있다.

　　'겸손'의 대명사인 그를, 아니 정확히 말하면 그의 연기를 훔쳐볼 수 있는 기회가 왔다. 바로 2014년, 영화 〈국제시장〉 촬영 현장이었다. 서울예대 연기과 학생들에게 단체 엑스트라 촬영 기회가 온 것이다. 이른 새벽부터 관광버스를 타고 단체로 이동한 곳은 군산의 한 세트장이었다. 여주인공인 '김윤진' 배우와, 남주인공인 '황정민' 배우가 처음으로 마주치는 무도회장 디스코 장면이었기에 엑스트라 개개인의 메이크업과 의상 역시 매우 중요했다. 드디어 분장을 끝내고 촬영에 들어갔다. 함께 사진을 찍거나, 인증샷을 남기기 위해 호시탐탐 기회를 노리던 학생들은 많았지만, 그는 눈길조차 주지 않았다. 장시간 진행되는 촬영에 지쳐 몇몇 학생들은 구석에 쪼그려 앉은 채 잠들기도 했고, 대기시간의 지루함을 휴대전화와 함께 해소하기도 했다. 하지만 나는 그로부터 한시도 눈을 뗄 수 없었다. '윤제균' 감독님이 OK 사인을 보내며, 촬영한 장면에 대해 만족을 했음에도 불구하고 그는 재차 확인하며 스스로 검열했다. 모두가 만족했지만 본인이 만족할 수 없을 땐 다시 촬영할 것을 정중히 요청했고, 좀 더 자연스러운 장면의 연출들을 역제안하기도 했다.

24시간 가까이 촬영에 에너지를 쏟아 부었던 그는 모든 촬영이 끝났다는 신호, "수고하셨습니다!"라는 전 스태프들의 인사 소리가 들리자마자 모든 학생들과 기념촬영을 해주었다. 배우로서 본인의 임무를 다한 후에야 '인간 황정민'의 모습을 드러내준 것이다. 연기를 대하는 그의 '진중함'과 현장에서 보여준 그의 '겸허함'이 내가 발견한 그만의 연기 비법이었다. 그가 이토록 겸손할 수 있는 것에 대해, 누군가는 긴 무명시절 때문이라고 말한다. 여느 배우들과 다르지 않게 연봉 200만 원 안팎을 받으며, 20년 이상의 무명시절을 버텨내야 했던 사람, 황정민. 물론 그 험난한 과거들도 그를 겸허하게 만든 요인 중 하나일 것이다. 하지만 그가 인터뷰를 통해 밝힌 아내 '김미혜' 씨의 조언 역시 '겸손'을 유지할 수 있는 비법 중 하나라 생각된다.

"건방떨지 말고 연기해라."

충무로의 흥행보증수표가 된 '배우 황정민'에게 이토록 매섭고, 카리스마 넘치게 직언直言을 건넬 수 있는 사람이 있다니 한편으론 놀라웠고, 또 한편으론 부러웠다. '내가 교만해지려 할 때 나를 잡아줄 사람은 누가 있을까?' 순간 머릿속으로 낯익은 얼굴이 빠르게 지나갔다. 바로 우리 아버지였다. 김미혜 씨의 직언이 묘하게 정이 간다 했더니, 내가 처음 라디오 DJ가 되었을 때 아버지께서 보내주신 메시지와 똑 닮아 있었다.

"이럴 때일수록 시건방 떨지 마라."

교만하고 경솔한 태도가 나를 지배하지 않도록 다소 격한 조언도 아끼지 않으시는 그가 있기에 오늘도 난 겸손할 수밖에 없다. '겸손'은 당신을 더욱 빛나게 한다. 이 시대 최고의 미덕! 겸손.

기다림의 미학,
우보천리

학창시절에 나는 선생님들의 귀여움을 받는 제자였다. 워낙 겁이 많아서 혼나거나 매 맞는 상황은 절대적으로 피하던 타입이기에 기억나는 체벌도 손에 꼽힌다. 집안 내에서 '막내 딸' 경험치를 통해 얻어낸, 숱한 애교도 한몫했던 것 같다. 이것은 자기애가 넘치는 나의 나르시시즘이 빚어낸 기억 조작이 아니다. 초등학교 1학년 통지표에도 적확하게 기록되어 있다.

'신체 표현을 매우 귀엽게 합니다.'

담임선생님께서 행동발달 사항에 적어주신 그대로이다. 하지만 무엇 때문에 저 문장이 내가 평생 소장하게 되는 통지표가 되게 만들었는지는 기억할 수 없다. 그냥 '선생님들께 사랑받던 제자였구나'라는 정도의 추측만 할 뿐이다. '옛날에는 스승님의 그림자도 밟지 않았다'며 엄격하게 가르치시던 부모님 덕분이었을까? 선생님들을 너무 어려워하거나 피하지 않았다. 꼬박꼬박 인사도 잘했고 많이 웃었으며, 사소한 말을 자주 건네던 학생이었다.

그러던 어느 날, 내게도 짝사랑하는 남자 선생님이 생겼다. 잘생긴 20대의 교생선생님? 근육질 몸매의 체육선생님? 아니었다. 흰머리 지긋하신 50대 과학 선생님이었다. 당연한 말이지만 그때 당시 내 사랑은 이성의 감정이 아닌 '존경'과 '동경'의 그 중간 즈음이었다. 영화 〈내 마음의 풍금〉에 나오는 '전도연'처럼 선생님을 향해 순수한 애정표현을 건네기 시작했다. 쉬는 시간마다 교무실에 들러 음료수를 두고 오거나, "다음 생에는 저랑 결혼해요!"라고 당찬 농담을 내뱉기도 했다. 나의 당돌함이 재밌으셨는지 선생님은 지금의 아내분과 만나게 된 비법에 대해 소개해주셨다.

"지금 아내랑 소개팅을 했었는데, 전해 받았던 연락처를 잃어버린 거야. 아무리 찾아도 없으니, 어쩔 수 없이 연락을 못 했지? 그렇게 인연이 안 되려나 했는데 아내가 답답했는지 전화해서 화를 내더라고? 그게 내 비법이야."

야유를 보내며, 그게 무슨 연애비법이냐고 소리 지르던 우리에게 선생님은 '기다림'이라는 세 글자의 미학에 대해 알려주었다. 사람 관계도, 일도 모두 적당한 온도의 기다림이 필요하다는 것. 서두르다보면 그르치게 되고, 그르치면 놓치게 된다는 이론. 내게 그

'기다림'의 미학은 소위 '밀당'을 의무화하는 '연애'를 위한 조기교육이 되었다.

'기다리다'의 동사가 가장 잘 어울리는 '직업'은 '배우'라고 생각한다. 브라운관에서만 볼 수 있는 화려한 그들의 일상은 가끔 일반적인 시청자들의 인생을 초라하다고 느끼게 만든다. 그러나 무명(無名)이라 불리는 '배우'들의 삶은 대부분 연봉 500만 원이 채 안 된다. 2017년 드라마 〈구해줘〉에서 두 얼굴의 사이비 교주 역을 맡아 연기했던 배우 조성하 씨도 다르지 않았다. 연극 시절 연봉이 고작 10~20만 원이었다고 하니, 그들의 냉혹했던 과거 혹은 현재를 가늠해 볼 수 있을 것이다.

'조성하' 배우 또한 빛을 보기 전까지 참혹하긴 마찬가지였다. 한날은 딸아이가 너무 아파서 병원에 데리고 가야 했다. 그러나 진료비가 아닌 병원까지 데리고 갈 차비조차 없는 스스로를 보며 결심한 것이다. 배우 일을 그만둬야겠다고, 가족을 위해 일해야겠다고 말이다. 그러나 그의 가능성과 그의 미래만 보고, 결혼을 결심한 아내의 반대로 인해 그는 포기하지 않았다. 계속해서 노력했고 결국 다양한 매체를 넘나드는 신스틸러(직역하면 '장면을 훔치는 사람'을 뜻하는데 주연보다 더 시선을 사로잡는 조연)로 거듭날 수 있었다.

대학 시절, 교내 방송국의 특집 인터뷰를 통해 나는 아나운서로, '조성하' 선배는 초대 게스트로 마주하게 된 적이 있다. 그는 내게 말했다. 학교 동기들 중 가장 마지막으로 빛을 보았기 때문에 버티는 건 누구보다 오래했다고. 20년 동안 이름을 기억해주지 않는 시

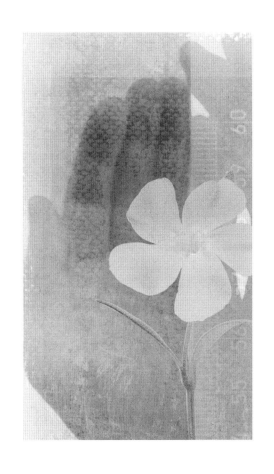

누군가 그대보다 조금 서둘러 출발하고,
더 빨리 도착하는 것에 대해 초조해하거나 연연하지 말자.

사소하지 않은 당신의 위대한 '꿈'은,
그대 앞에 어느 날 조용히 열려 있을 것이다.

청자들에게 마흔이 되어서야 비로소 '배우'로 인정받았다고 말이다. 뒤이어 덧붙이는 말로 나에게 그리고, 시청자들에게 전했다. 그냥 소처럼 묵묵히 하다 보니 살아남았다고. '우보천리(牛步千里)'의 정신을 절대 무시해서는 안 된다고 말이다.

우리가 지하철을 타고 가다보면 금방 내릴 것 같은 사람의 초조함과, 종점까지 가는 사람 특유의 여유를 한눈에 구분할 수 있다. 그도 분명 20년이라는 기나긴 세월의 열차 속에서 '내릴 것인가? 말 것인가?' 수없이 고민했을 것이다. 목적지를 망각한 채 꾸벅꾸벅 졸기도 하고, 지루함을 극복할 만한 책과, 노래에 의지하며 스스로를 부단히도 설득했을 것이다. 함께 열차에 올라탄 동료배우들을 축하하고 위로하는 일을 반복했을 것이며, 사랑하는 가족들을 실망시키거나 기대하게 만드는 일을 수없이 경험했을 것이다. 그 굽이굽이 진 20년의 여정이 지금의 그를 더 단단하게 만들어주었을 것이다. 나는 그와의 인터뷰를 통해 파울로 코엘료의 소설 《연금술사》에 나오는 말을 떠올렸다.

"'위대한 업'은 하루아침에 이루어지는 게 아니다. 그것은 하루하루 자아의 신화를 살아내는 세상 모든 사람 앞에 조용히 열려 있다."

누군가 그대보다 조금 서둘러 출발하고, 더 빨리 도착하는 것에 대해 초조해하거나 연연하지 말자. 그가 단언하듯, 마지막 깃발을

꽂는 자, 끝까지 버티는 자가 결국 승리한다는 것을 우리는 명심해야 한다. 하루아침에 이루어지지 않을 위대한 업, 사소하지 않은 당신의 위대한 '꿈'은, 그대 앞에 어느 날 조용히 열려 있을 것이다.

기다림의 미학,

우보천리牛步千里

시간 짠순이

구두쇠, 짠돌이, 자린고비, 스크루지. 모두 다 인색한 사람을 부를 때 통용되는 단어들이다. 나 또한 근검절약 하시는 부모님 슬하 膝下에서 20년을 자란 덕에 낭비보다는 절약과 절제가 더욱 익숙하다. 하지만 나에게는 돈이나 재물 따위의 물질적 자산보다 더 인색하게 아끼는 것이 있다. 바로 '시간'이다. 나는 평소 '돈' 아깝다는 말보다 '시간' 아깝다는 말을 더 자주 하는 편이다. 혹자는 그 사람이 빈번하게 쓰는 말이나 문장을 보면 평소 그의 생각이나 가치관을 알 수 있다고 하는데 나 역시 그랬다. 비생산적인 것에 시간을 소모하고 나면 "아우~ 시간 아까워"란 말이 절로 나왔다. 시간에 인색했던 나의 태도들이 누군가에게도 은연중에 전해졌으리라 생각하니 약간은 겸연쩍긴 하지만 어쩌겠는가. 사람마다 본인이 귀히 여기는 가치가 다 다른데. 과격하게 표현하자면 나에게 '시간'은 '돈'보다 귀하다.

예를 들면 이렇다. 우리가 책 한 권 읽기 위해 혼자 커피숍에 갔다고 가정해보자. 그대의 중요한 평가 기준은 무엇인가? 음료의 맛? 종업원의 친절? 청결도? 나에겐 앞의 셋 모두 중요 사안이 아니다. 음료가 맛없거나, 종업원이 불친절할 경우 나의 개인 블랙리스트에 올라갈 뿐 그날 컨디션에 크게 영향을 받지 않는다. 받은 음료 잔이 청결하지 못할 때도 새 컵을 요구하거나 냅킨으로 닦으면 그만. 충분히 가볍게 넘어갈 수 있는 일이다. 하지만 책 읽을 만한 분위기가 조성되지 않거나, 예상 시간만큼 공부할 자유가 주어지지 않는다면 내게는 최악의 커피숍이 된다. 뿐만 아니라 재미없는 영화를 보더라도 돈 아깝다는 말보다, 시간 아깝다는 말이 먼저 나올 만큼 나는 엄청난 '시간 짠순이'다.

　하지만 나와 같은 짠순이(짠돌이)들에게 단점만 있는 것은 아니다. 이들은 '내 것'을 귀하게 여기기에 '타인'의 것도 귀한 줄 안다. 우리 집 전기 아끼는 사람이 회사 전기도 아껴 쓰게 되는 것과 비슷한 이치다. 자칭 '시간 짠순이'인 나는 타인의 시간 또한 매우 소중하게 여긴다. 하지만 간혹 본인의 시간과 계획만 중요해서 타인의 시간을 철저히 무시하고 업신여기는 사람들이 있다. 사제지간, 고용 관계, 선·후배뿐만 아니라 친구 혹은 연인 사이에서도 흔히 볼 수 있다. "일(회사) 끝나면 보자"라는 말 후에 정확한 시각을 명시하지 않거나, "좀 이따 전화할게"라는 말로 상대를 하릴없이 기다리게 만드는 경우가 그러하다. 앞선 두 가지의 예시만으로 떠오르는 상대가 있다면, 한 번쯤은 다시 생각해봐야 한다. 그가 나의 '시간'을 존중했었는지. 나는 그에게 '존중받은 사람'이었는지 말이다.

이해관계를 떠나 '시간'을 존중받는다는 건, 내 '존재'로서도 존중받는 일이다. 그래서 나는 타인이 내 시간을 존중해줄 때면 '시간' 따위의 사소한 배려라며 가볍게 여기지 않고, 진심으로 깊은 감사를 느낀다. 그 고마움을 표현하는 일도 절대 잊지 않는다. 혹 처음 보는 사람이라 해도 '내 시간'의 가치를 드높여주면 '돈뭉치'를 손에 쥐어준 것처럼 늘 값비싸게 느껴지기 때문이다. 모교 선배이자 2018년 KBS〈연예대상〉의 주인공 '이영자' 선배님이 바로 그랬다.

'S' 기업은 '서울예술대학교'의 예술인 양성을 위해 오랜 시간 동안 장학금 제도를 이어왔다. 기업의 가장 큰 연회 행사를 할 때면, '박상원' 교수님의 진두지휘 아래 MC, 가수, 총괄 운영팀까지 전부 모교 졸업생으로만 섭외해 진행하고 있었다. 2017년, 우연히 주최 측의 전화를 받고, 섭외된 나는 이영자 선배님과 1부, 2부로 나뉘어 진행하는 영광스런 기회를 얻었다. 사전 미팅을 위해 대기실에 모인 우리는 어색한 기운이 감도는 상황에서도 그녀의 충청도식 유머에 정신을 차릴 수 없었다. 정신없이 웃다 보니 어느덧 그녀는 큐시트를 주시하고 있었다. 찰나의 침묵 속에 전체를 쭉 훑어보던 그녀는 다급히 모두에게 말했다.

"어? 잠깐만. 들희가 마지막 엔딩 멘트 하나 때문에 2시간을 더 대기한다고요?"

오전부터 리허설하고, 대기하느라 지쳐 있던 내게도 무척 신경 쓰이는 부분이었지만 말하지 못했다. 아니 정확히 표현하자면 말하지 않았다. 주최 측의 의견이 그러하다면 존중해야 하는 것도 나의 역할이기 때문이다. 그녀 또한 충분히 못 본 체할 수 있었다. 그 당시, 그녀는 2018년 연예대상을 받기 직전. 대한민국에서 가장 주목받으며 브라운관을 점령하던 시기였다. 그럼에도 처음 본 후배의 '시간 낭비'를 못 본 체하지 않았다.

"들희 너 몇 시에 왔니? 이른 아침에 온 거 아니야?"
"틈틈이 쉬고 있어서 괜찮습니다. 선배님!"
"아니야. 일찍 와서 진행했는데 끝날 때까지 뭘 또 기다려. (주최 측 관계자들을 바라보며) 이 마지막 멘트 제가 할게요. 들희 일찍 퇴근해도 되죠?"

누군가에게는 고작 2시간일지 모른다. 책 한 권도 제대로 읽을 수 없는 그 사소한 두 시간 덕분에 나는 진정한 '존중'이 무엇인가에 대해 배웠다. 그녀는 '나의 존재'를 모름에도 불구하고 '나의 시간'을 배려했다. 내가 의미 없는 기다림으로 지치지 않기를 바랐고, 화려한 그녀의 마무리만 장식하며 공허해지지 않기를 바랐다. 무대 뒤에서 하품을 참아가며 견뎌야 했을 무료한 시간이 그녀 덕분에 피로를 씻어내는 샤워 시간으로, 커피 한 잔의 여유로 전환될 수 있었다. 그녀가 귀하게 여겨준 나의 두 시간은 5년이 지난 지금까지 내게 머물러 있다.

'시간'을 '돈'처럼 소중하게 여기는 당신,
'순간'이 더욱 의미 있고, 가치 있어질 것이다.

한마디로 정의할 수 없는 나의 꿈,
설명하지 않아도 괜찮아

―――――――

'2020년 중국발 우한 폐렴 COVID-19'

코로나 바이러스라 불리는 작은 미생물이 대한민국뿐 아니라 전 세계를 발칵 뒤집어버렸다. 한두 달이면 끝날 거라 예측했던 팬데 믹PENDEMIC 상태는 이미 일 년 가까이 되었지만 언제 끝날지 가늠 조차 할 수 없다. 이에 따라 공연계뿐 아니라 여행, 영화, 스포츠, 전시 등 각 분야의 경제적 손실과 피해가 IMF때 보다 심각한 상황 이며, 그 피해는 고스란히 내게도 전해졌다. 다행히 입찰 PT, 강의, 기업 사내방송, 리포터 등 다양한 분야에 발을 담갔던 터라 '월수입 0원'이라는 처참함은 면할 수 있었지만 그것으로 안도할 수는 없었 다. 자유를 만끽하면서도 화려함을 놓치지 않았던 '프리랜서'의 영 역은, 국가에서 재난지원금이 제공돼야 할 만큼 초라해졌고 '코로 나 백수' 신세로 전락해버렸다.

나뿐만 아니라 '사회적 거리두기' 때문에 강제 칩거 생활을 해야 했던 수많은 사람들은 '코로나 블루'라는 우울감을 호소하기 시작했고, 벚꽃이 만개하는 봄의 끝 무렵에는 정부의 통제에도 불구하고 사람들이 우후죽순 쏟아져 나왔다. 괜찮을 거라며 스스로를 어르고 달래던 나 또한 내면에서부터 엄습해오는 '공포'와 '두려움'을 꺾을 수 없었다. 너무 뜨거운 온도의 물이 턱 끝까지 차올라 숨통을 조여 오는 것 같은 답답한 숨 막힘이었다. 자존감이 하향곡선으로 치닫던 그때 나에 대한 정보는 없지만 호기심과 애정이 가득 담긴 누군가의 질문이 나의 허를 찔렀다.

"20대를 꿈만 좇으며 살아왔다고 말했는데 그럼, 네 꿈이 뭐야? 왜 명확하게 말을 못해?"

말문이 막혔다. 적당한 대답을 찾지 못했기 때문이다. '미래'만 꿈꾸며 살아왔다고 자부했는데 일목요연하게 내 꿈을 설명할 수 없었다. 한마디로 정의 내리기에 내 직업은 너무 복잡했다. 다양한 언어를 구사하며, 각기 다른 국적의 사람들을 연결해주는 커뮤니케이터가 되는 것이 나의 꿈이지만 실제 그것을 실현하며 살고 있는 사람은 거의 없었다. 그러다 보니 '직업'으로 귀결되는 것은 맘처럼 쉽지 않다. 어렵고, 예측불허하며, 희귀하기 때문에 더욱더 자부심을 갖고 준비해왔는데 처음으로 내 지난 노력들이 허무하게 느껴졌다. 나한테 '꿈'이란 게 있기는 했던 걸까? '꿈'이라는 그럴

듯한 단어에 매진한 듯 포장하고 있지만 '환상'에 젖어 있었던 건 아닐까? '꿈'이라기보단 정확한 명칭의 '직업' 혹은 '직책'을 대답하길 바라던 그 사람의 질문은 나를 애송이가 된 듯 주눅 들게 만들었다.

그 말이 밤새 머릿속을 헤엄쳐 다닌 탓에 다음날까지도 내 자존감은 회복되지 않았다. 그때 문득, 나의 보이지 않는 가능성을 무조건적으로 응원해주는 '미스터 K'가 생각났다. 이른 시각 갑자기 전화를 건 나에게 그는 아침부터 내 전화를 받으니 기분이 좋다는 인사로 답례를 했다. 무슨 일 있냐며 묵묵히 내 이야기에 집중하던 K에게 자초지종을 설명하며 말했다.

> "나는 일반 직장인이나 공무원처럼 몇 년 후 과장 진급, 10년 후 연봉 1억, 이런 식의 구체적인 목표나 계획을 설정할 수 없잖아. 내 머릿속에서만 생생하게 그려지는 먼 미래의 꿈이고 현실에서 실행하고 있는 선례가 없으니까……. 내 꿈이 되게 초라해지는 것만 같았어. 코로나 때문에 일이 없어서 더 그런가……?"

'꿈'과 관련해서는 단 한 번도 주눅 든 적이 없었고, 묵묵하게 나만의 길을 가던 내가 휴대전화 너머로 나약한 소리를 전하는 모습이 어색했는지 K 또한 말이 없었다. 몇 초의 침묵 후 이어지는 그의 목소리는 차 안에 있던 부정적 에너지를 모두 박살 내주는 듯했다.

"그 사람한테 굳이 네 꿈을 설명하고 이해시킬 필요 없어. 넌 어
차피 그렇게 될 거니까."

뭐라 이해를 시키고, 설명을 해야 내 직업이 그럴듯하게 포장될
까 밤새 고민해봤지만 난 설명할 필요가 없었다. 그 사람을 이해시
킬 필요도 없었던 것이다. 어쩌면 그는 내 '열정'에 대한 관심보다
사회적으로 '인정'하는 자격들에 더 관심이 있었을지도 모른다. 과
거의 내 노력보다는, 코로나를 버티고 있는 현재만 바라봤을 테고,
미래의 내 비전보다는 내가 소유하고 있는 어떤 물질들을 주의 깊
게 살폈으리라. 10년 동안 그래왔듯이 일이 있을 때나, 없을 때나.
누군가가 인정을 해줄 때나, 해주지 않을 때나. 나는 묵묵히 나의
길을 가면 되는 것이었다.

미국의 칼럼리스트이자 언론인 안드레스 오펜하이머Andres Op-
penheimer는 《2030 미래 일자리 보고서》에서 다음과 같이 말했다.
"앞으로 살아남을 직업은 단 한마디로 설명할 수 없는 일"이라고
말이다. 한마디로 정의할 수 없는 당신의 '비전'에 대해, 불안정하
고, 타인으로부터 존중받지 못하는 당신의 '꿈'에 대해 구태여 설명
하지 마라. 보여주면 된다.

한마디로 정의할 수 없는 나의 꿈, 설명하지 않아도 괜찮아.

꿈이 없어도,
꿈의 이름이 달라도 괜찮아

'호캉스'란 말을 들어본 적 있는가? '호텔+바캉스'의 합성어로 호텔에서 즐기는 휴가를 의미한다. 코로나로 인해 해외여행이 어려워진 국내 여행객들은, 편안하면서도 안전한 휴식을 취하고자 '호텔'로 모여들기 시작했다. '어딘가에 누워서 하루 종일 책만 읽을 수 있다면 참 좋겠다'라며 간절히 바라던 나에게도 호캉스가 시작되었다!!!

Hospital + Vacance

호텔 대신 호스피탈, 즉 2020년 여름의 마지막 휴가를 병원에서 보냈다. 간단한 접촉사고라며 우습게 여겼지만 시간이 지날수록 통증은 더해갔고, 2~3일을 예상했던 나는 2주를 꼬박 채워 입원해야 했다. 내 몸에서 두더지 잡기 게임을 하듯, 어깨, 손목, 무릎,

허리, 꼬리뼈에 날개뼈까지 번갈아가며 통증이 반복해서 나타났기 때문이다. 교통사고는 후유증이 무섭다는 주변인들의 조언을 수용하며 잠자코 누워 'Hospital + Vacance'를 즐겼다. 읽고 싶던 책을 원 없이 읽고, 보고 싶던 드라마를 수없이 봤다. 하지만 무료함은 금방 나를 쫓아왔다. 병실에 하루 종일 켜져 있던 TV를 흘끗 봐도 온통 암울한 소식들뿐이었다. 뉴스 앵커들의 표정 역시 어둡고 칙칙했다. 그나마 예능 프로그램이나, 트로트 서바이벌 같은 프로그램만이 주변 환자들을 웃음 짓게 해주었다.

그러던 어느 날, 뉴스 속보처럼 희소식을 전하는 앵커의 모습이 무척 신나 보였다. '무슨 일이야 이 시국에?'라는 생각에 고개를 쭉 내밀어 시선을 고정했다. 국보급 인기 덕분에 대한민국 최초로 병역면제까지 언급되고 있는 가수 방탄소년단의 1위 소식이었다. 그것도 빌보드 차트 핫 100 2주 연속 1위! 한국가수로서는 최초이기에 한국인에게도 빅뉴스이지만, 전 세계가 모두 주목할 만한 소식이기도 했다. CNN은 2023년까지 BTS가 이 인기를 이어 갈 경우, 56조 1,600억480억 달러에 달하는 경제 수익이 창출될 것으로 예상했다. 이것은 경제적 수익뿐만 아니라 국가 이미지나, 국가 브랜드의 상향효과도 무시할 수 없는 일이다. 같은 대한민국 국민으로서 넘치도록 자랑스러운 소식이 아닐 수 없었다.

'얼리어답터'란 말을 들어본 적 있을 것이다. 시대의 정보나 유행에 매우 민감하여 무엇인가를 빠르게 시도하는 사람을 말한다. 전 세계가 그들을 주목하기 전에 발 빠르게 Army 소속이 된 팬들

은 아마 지금쯤 흐뭇한 미소와 쾌재를 외칠 것이다. 하지만 아날로
그 감성에 적합한 '슬로우답터'의 나는 여전히 그들을 잘 모른다.
멤버가 7명이라는 것도 뉴스를 보다 알게 되었다. 세계인들을 매료
시킨 그들만의 비결이 무엇인지, 그 강력한 힘은 어디서 나왔는지
새삼 궁금해졌다. 무료하게 누워 천장만 바라보던 나는 눈을 번쩍
이며 그들을 분석하기 시작했다.

　서울대 언론정보학과 홍석경 교수는 그들을 자발적 창조가 가능
한 자율 학습형 아이돌이라 말했다. 본인들만의 목소리를 갖기 위
해 안간힘을 쓰는 아티스트라는 뜻이다. 전문가뿐 아니라 인터뷰
를 통해 만난 대부분의 팬들 또한 그들의 정체성Identity과 세계관을
가장 높게 평가하고 있었다. 개개인의 개성과 실력은 물론이고, 세
상을 바라보는 진지한 통찰력과 끊임없이 노력하는 그들의 겸손은
국경을 넘어 전 세계 팬들에게 전해지고 있었다. 가진 게 꿈밖에
없었다고 노래하는 그들은 어쩌면 2020년 '꿈은 이루어진다'의 대
표적인 예가 아닐까?

　'간절히 소망하던 꿈을 이뤘으니, 우리에게도 분명 꿈꾸라고, 꿈
　은 이루어진다고 말하고 싶을 거야!'

　꿈을 찾아야만 한다고 꿈이 당신을 성장하게 하고, 발전하게 해
줄 것이라며 격앙된 목소리로 조언을 건네던 나는 그들의 인터뷰
영상을 보면서 이내 부끄러워졌다.

"꿈이 없어도 괜찮습니다."

꿈밖에 없었다던 그들이, 멋지게 꿈을 이룬 어느 날 전혀 예상치 못한 발언을 하고 있었다. 꿈이 없어도 된다고. 그러지 않아도 행복할 수 있다고 말이다. 그들의 인터뷰는 일순간 나를 망연하게 했다. 꿈을 가져야 한다는 강요가, 꿈이 없는 누군가에게는 자칫 폭력적으로 느껴질 수 있다는 것을 미처 생각하지 못했던 것이다. 경솔했던 나의 지난 과오들을 다시 돌아보는 계기가 되었다. 나는 그들을 사랑하진 않지만 존경하게 될 거라 믿어 의심치 않았다. 팬으로서 갖는 사랑과 존경은 비슷하지만 다른 맥락이다. '사랑'은 가지고 싶은 대상에 대한 욕망과 같다. 목소리를 듣고 싶고, 한 번이라도 만나보고 싶어 하지만 내 마음이 변하거나, 타인에게 더 관심이 생긴다면 금방이라도 그 사랑을 거둘 수 있다. 즉, '사랑'은 그의 생활 반경 안으로 들어가고자 하는 실질적 행동이라면, '존경'은 멀리서 바라만 보아도 충분한 것이라는 마음이 들기 때문이다.

에리히 프롬은 저서 《사랑의 기술》에서 다음과 같이 말했다. '존경'은 이 단어의 어원(Respicere = 바라보다)에 따라 어떤 사람을 있는 그대로 보고 그의 독특한 개성을 아는 능력이라고 말이다. 다른 사람이 그 나름대로 성장하고 발달하기를 바라는 관심이자 그를 있는 그대로 바라볼 수 있는 기술이 바로 '존경'인 셈이다. 나는 오랫동안 그들을 존경하고 싶어졌다. 음악은 올림픽이 아니라는 그들의 말처럼 1위를 유지하지 않아도 괜찮고, 더 이상의 기적을 만들어내지 않아도 충분하다고 말해주면서 말이다. 있는 그대로의 그들을 응원하는 어느 날, 우연처럼 만나 함께 일할 수 있다면 좋겠다는 생각도 문득 들었다. 꿈이 없어도 된다고 말하는 그들 덕분에, 나에게는 꿈이 또 하나 늘어났다.

혹자는 '돈'과 '성공'은 쫓으면 쫓을수록 달아난다고 말했다. 어쩌면 '꿈'과 '행복'도 다르지 않다. 쫓으려고 안간힘을 쓸 때보다, 유유히 흘러가다 마주한 순간이 더욱 드라마틱할 것이다. 꿈이 없다고, 스스로를 자책하고 있는 그대에게 다시 한 번 그들의 말을 빌려 말한다. 꿈이 없어도 괜찮다. 꿈이 없더라도 충분히 여유를 즐기며, 행복할 수 있다. 순간의 행복에 집중하다보면, '꿈'은 부록 책처럼 살짝살짝 끼어 올 것이다. 그때 그 '꿈'을 알아보는 지혜와 분별력을 갖추고, 절대 놓치지 않길 바란다.

꿈이 없어도 괜찮아. 꿈의 이름이 달라도 괜찮아.
잠시 행복을 느낄 그대의 순간들이 있다면.

_BTS, 〈Paradise〉

167

Chapter 6

자신의 가치가
가장 높고 무거운
노년기Senium

누군가는 가르치는 사람보다 실행하는 사람이 중요하다고 말할지 모르지만 나는 이처럼 스승의 역할은 한 사람의 인생을 바꿀 수 있을 만큼 중요하다고 생각한다.

난초 향은 하룻밤 잠을 깨우고, 좋은 스승은 평생의 잠을 깨운다는 말도 있지 않던가. 모자라고 부족한 내게도 배울 수 있는 능력이 있다는 걸 일깨워주셨고, 평생 못 보고 못 느끼며 살 뻔했던 나의 깊은 잠을 시원하게 깨워주신 분이었다.

인생에서 한 번은 꼭 좋은 스승을 만나라.
스승이 없다면 부디 찾아 나서기를!

세상에서 가장 아름다웠던
노부부의 이별 이야기

　현대 노년 사회학 논단에 따르면 결혼한 두 사람의 한평생 만족은 사별 후에 남은 아내의 삶에 큰 영향을 미친다고 한다. 따라서 살아생전 '부부의 금실' 척도나, '부부의 주도권'에 따라 여생餘生을 홀로 감당하고, 적응해나가는 속도가 달라진다. 누군가는 유족을 위로한답시고 다음과 같은 말을 건넨다.

　"산 사람은 살아야지."
　"그 정도면 호상이야."
　"처자식 고생 안 시키고 잘 가셨지."

　하지만 남겨진 그들의 입장에서는 상처에 소금을 흩뿌리는 행위만큼 아프고, 비통한 말일 뿐이다. 나의 경솔한 위로가 누군가에게는 돌이킬 수 없는 상처를 남길 수도 있다는 것을 우리는 반드시 기억해야 한다.

대학 시절 친밀한 관계를 유지했던 한 노(老)교수님은 남편과 60 평생을 친구처럼 지내왔다. 원앙, 잉꼬부부라는 칭호가 비교도 안 될 만큼 금슬을 자랑하던 두 분에게 이별이 성큼 다가왔다. 4년 전 즈음, 갑작스런 뇌경색으로 남편이 쓰러졌기 때문이다. 90세를 훌쩍 넘긴 노쇠한 그녀가 불편한 걸음으로 매일같이 병문안을 가는 것이 늘 걱정스럽고 마음에 걸렸다. 어느 날부터는 스스로 매니저를 자청하며, 교수님과 함께 병원을 방문했는데 어느덧 1년이 흘렀다.

봄 감기를 크게 앓은 나는, 병상에 누워계신 남편분께 혹여 감기를 옮기게 될까 최대한 병실 출입을 자제했다. 노년기에 가장 많이 사망하는 시기가 계절과 계절이 바뀌는 환절기라는 것을 어디선가 들은 기억이 났기 때문이다. 교수님이 병상을 지키다 나오시면, 병원 밖에서 기다렸다가 집까지 모셔드리는 생활을 몇 주하고 나니 어느덧 내 감기는 깨끗이 떨어졌고 하늘과 새싹, 바람마저 파아란 5월이 왔다.

2018년 5월 15일 스승의 날, 어여쁜 카네이션이 포장된 작은 화분과 감사한 마음 꾹꾹 눌러 담은 손편지를 들고 병원에 갔다. 전화 통화는 이미 했지만 꽃을 들고 나타난 내 모습에 여교수님은 꽤 놀란 듯했다. 병상에 누워계시던 남편분 또한 오랜만에 나타난 나를 보며 눈을 떼지 못했다. 좀 더 자주 찾아뵙지 못해 죄송한 마음, 의미 있는 날에 찾아뵙길 참 잘했다는 안도의 마음이 동시에 일었다.

대한민국 문화 예술 분야의 산증인이라고 할 수 있는 노부부는 오랜 세월 교직에 있었고, 나는 그분들의 마지막 가르침을 받은 운이 좋은 제자라고 할 수 있다. 같은 학교가 아니었기에, 병상에 누워계신 남편분께는 직접적인 지도를 받지 못했다. 하지만 그분께서 집필한 저서들을 통해 이론공부를 해왔으니 간접 교육을 받았다고 해도 과언이 아니었다. 목과 코에는 분비물을 제거해주며 영양분을 전달해주는 호수가 연결되어 있고, 누워 있는 그와 우리가 소통할 수 있는 건 오로지 눈빛과 손짓이었다. 카네이션을 그의 눈앞에 내밀고, 입을 크게 찢으며 또박또박 말을 이어나갔다.

"교-수-님-! 오늘 스승의 날이라서어- 이렇게 예쁜 꽃 사들고오- 인사드리러 왔어요-! 제가- 교수님께 직접- 수업 듣진 못했지만- 교수님이 쓰신《배-우-수-련》이란 책으로— 공부 했으니까아 — 직접 배운 거나 다름 없어요오-. 좋은 가르침 주셔서 감사합니다아—."

마음이 전해졌던 걸까? 궁금한 마음에 싱긋 미소지어 보이던 나는 깜짝 놀라고 말았다. 순식간에 그의 눈이 뻘겋게 충혈되면서, 눈물로 가득 채워졌기 때문이다. 울컥 복받쳐 오른 눈물 때문에 사레들린 기침을 콜록콜록하는 그를 보며, 여교수님은 더욱 놀라 눈이 휘둥그레졌다.

"방금 봤니? 네가 한 말 다 이해하고 감동받아서 눈물 흘린 거 같았지? 지난 2년 동안 저런 표정을 본 적이 없는데…… 다른 이야기도 좀 더 해볼래?"

어떤 말을, 어떻게 해야 좋을까……. 너무 갑작스러운 상황의 연속이라 아무 말도 떠오르지 않았다. 찬찬히 과거를 회상하며 병상에 눕기 전, 누구보다 건강하고 온화했던 선생님의 미소를 떠올렸다. 또렷하고 온전하게 그분의 지난날을 함께 추억할 수 있길 바라며, 또 한 번 또박또박 말을 건네었다.

"학장님-! 우리 수업 끝나면 항상 유인형 교수님 모시러 왔었잖아요오-! 학생들이 두 분 가시고 나면 무슨 이야기 나눴는지 아세요오-? 학장님 일등 신랑감인 것 같다고, 우리도 학장님 같은 신랑 만나서 결혼해야 한다고 그랬어요오—. 그리고 교수님 생신 때마다 한 번도 빠지지 않고 꽃 사주셨다면서요오-? 그거 진짜 쉬운 거 아닌데 그 어려운 걸 교수님이 늘 해오셨어요—!"

옆에서 듣던 여교수님은 남편분의 손을 꼬옥 잡으며 질문했다.

"내 생각은 어떠냐고요? 내 생각은 어떤지 궁금해요?"

붙어 있던 엉덩이를 의자에서 떼어내, 그와 시선을 맞추며 대답했다.

　　"당신 정말 일등 신랑감이에요. 내가 인정해요."

　　병실 안은 또 다른 환자와 보호자들의 텔레비전 소리로 온통 시
끄러웠지만 내 시야에는 세상에서 가장 뜨거운 노부부의 진실한
사랑만이 존재하는 듯했다. 눈물이 왈칵 쏟아져 더 이상의 대답을
이어가지 못한 그날의 기억은 아직도 내 심장을 따스하게 해준다.

* * *

　　2019년 5월 23일 따뜻한 봄날, 대한민국의 문화 예술 발전을 위
해 한평생 노력하셨던 고故 안민수 선생님은 사랑하는 가족들과 동
료, 제자들의 마지막 배웅을 받으며 타계他界하셨습니다. 오랫동안
그리워하게 될 선생님의 미소를 기억하며 이 글을 남깁니다. 다시
한 번 삼가 고인의 명복을 빕니다.

요즘 한 일 중
가장 화끈한 일이 뭐야?

'요즘 한 일 중 가장 화끈한 일이 뭐야?'

2017년, 내 핸드폰 배경화면의 문구이자 나를 가장 자극하는 문장이었다.

나는 학창시절에 시내의 가로등 불이 켜지기 전에 귀가해야 했고, 20살까지는 외박이 허락된 적 없는 경상도의 한 보수적인 집안의 막내딸이었다. 자라온 가정환경을 속일 수 있으랴? 대학교 1학년 때, 20대 초년생이라면 당연히 가볼 만한 클럽은 나에게 악(惡)의 근원이었으며, 철없는 20대의 놀이터로 치부하기도 했다. 따라서 20대 후반까지 클럽은 친구들에게 등 떠밀려 가거나, 혹은 친구들이 내 눈치를 보며 가야 하는 불편한 장소일 뿐이었다.

열심히 일하고, 공부하고, 꿈을 이루는 데만 모든 에너지를 탕진했던 20대의 나는 스스로에게 자아도취 되어 있었다. 그러던 어느 날, 누군가 내게 물었다.

"들희 씨는 항상 일하고, 공부하는 것만 가치 있다고 생각하는 것 같아. 그럼 취미가 뭐예요? 나를 진실로 미소 짓게 하고 행복하게 하는 일, 혹시 있어요?"
"취미요? 어…… 저…… 통기타…… 아…… 스쿠버다이빙…… 아…… 아니네……. 한 지 오래됐구나."

멍해졌다. 내 20대는 온통 학교에, 일터에 그리고 집 도처에 있었다. SNS에서만 자유로웠던 영혼의 나는, 나 스스로에게 솔직하기 위해 떠나야 했다. 대학원 졸업 후, 20대의 마지막 겨울, 나는 모든 스케줄을 당당히 거절한 채 미국행 비행기 티켓을 끊었다. 나와 동행하지 않으면 시집가기 전 미국 여행은 어려울 것이라 판단한 셋째언니 Amber도 함께!

우리는 미국 보스턴Boston에서 만나 다양한 투어 프로그램이 가득한 게스트하우스에 체크인을 했다. 신나는 마음에 들뜬 우리는 첫날부터 가이드의 인솔을 받으며 박물관으로 이동했고, 백발이 성성한 영국 할머니도 백팩을 메고 혼자 여행 오셨다는 것을 단번에 알 수 있었다. 다양한 사람들의 용기 있는 도전이 바람처럼 시원하게 스쳐가는 이 모든 순간들이 바로 여행의 묘미라 생각하며 우리는 숙소에 도착해, 맥주 한 캔을 '치익!' 하고 뜯었다.

애국심과 애주심愛酒心이 강한 Amber는 자국에서 참한 이슬燒

酒을 고이 챙겨왔고, 우리는 몇 가지 안줏거리를 펴놓은 채 다양한 이야기들을 신나게 나누고 있었다. 그때, 우윳빛 백발의 영국 할머니가 우리에게 인사를 건네며 옆자리에 앉으셨다. 두 자매가 예쁘고 용기 있게 여행하는 모습이 보기 좋으시겠다며, 어머니의 안부를 묻는 그녀에게 Amber는 서툴지만 과감한 영어로 어머니에 대해 설명했다. 5남매 중 효심이 깊고, 마음이 가장 여린 Amber는 평소에도 부모님 이야기만 나오면 수도꼭지처럼 눈물을 흘리는데, 알코올이 들어가면 그 주사酒邪는 한층 업그레이드된다. 딸 바보라 자칭하는 아버지도 피하시는 그녀의 눈물 주사를 그 순간 나는 까맣게 잊고 있었다. 아뿔싸! 어머니의 건강 악화에 대해 이야기하던 Amber는 갑작스런 눈물을 터뜨리고 말았다.

영국 할머니 – I have to go(나는 가야겠어요)!

술이 거나하게 취했을 때 웃거나, 울거나, 노래하거나 춤추는 모든 주사는 한국인뿐 아니라 세계 만국 공용 비非언어일 것이기에 살짝 민망해졌다. '국제적으로 눈물 주사를 펼치는 Amber를 눈치채고 도망가려는 거겠지?' 나는 속으로 생각했다. 허둥지둥 이 사태를 수습하려던 찰나 그녀가 덤덤하게 내뱉는 한마디에 나도 모르게 눈물이 터져 나왔다.

영국 할머니 – I will give you a hug(제가 안아줄게요).

그녀는 그 자리를 회피하거나, Amber의 눈물을 못 본 체하려는 게 아니었다. 서로 다른 언어와 국적으로 어색하긴 했지만 위로하고자 했고, 낯설었지만 안아주고자 했다. 본인은 70세가 넘었지만 아직도 어머니를 그리워하고 있으니 괜찮다고, 어머니의 존재는 그만큼 위대한 것이라며 울고 있는 Amber를 따스하게 안아주었다. 이름도, 성도 기억나지 않는 그녀는 내가 태어나서 한 번도 본 적 없던 할머니의 우아함으로 기억된다.

국립국어원에 따르면 '할머니'라는 단어는 15세기 문헌에 남아 있는 '할미'의 한 형태로, 하(大)＋ㄴ(어미)＋엄(母)＋이(접사)의 내부 구조를 가지고 있다. 이런 할미를 칭하는 한자는 여러 가지가 있는데 노화하고, 얼굴에 주름살이 많다는 외형을 나타내는 할미 모姥, 할미 파婆, 할미 구嫗가 대표적이다. 하지만 난 그다지 좋아하지 않는 한자들이다. 왜냐하면 따뜻하고 다정하며 늘 감싸준다는 할머니의 모습을 즐겁고 단란하게 그려낸 할미 온媼, 할미 후姁라는 단어들이 더 좋기 때문이다.

이처럼 나는 우연히 떠난 여행지에서, 타자他者를 통해 따뜻함과 화끈함을 동시에 배웠다. 모르는 사람에게도 위로의 말과 온기를 전할 줄 아는 것, 건강상의 이유로 과감한 도전을 주저하지 않는 것. 지금 이 순간에도 어느 멋진 곳에서 따뜻하고, 뜨거운 용기를 나누고 있을 그녀에게 안녕을 전하고 싶다.

혹시 이 글을 읽고 있는 그대의 호기심은 안녕한가? 스스로에게 물어보자. 요즘 당신이 한 일 중 가장 화끈한 일이 무엇인지 말이다. 화끈하기는커녕 뜨뜻미지근하지도 못한 애매한 온도의 삶을 살고 있는 것은 아닌가? 어릴 땐 슈퍼맨이 되겠다며 오른손 번쩍 들고 옥상에서 뛰어내리거나, 친구들과 무리지어 담력체험을 하는 등. 오싹하고 아찔한 호기심들로 지루한 일상을 대신했을 것이다. 보기만 해도 온몸에 털이 쭈뼛 서는 번지점프나, 위험천만한 바이크 여행 등등 화끈한 일을 찾아 본인의 금기들을 한 번쯤 허용해보길 바란다.

**자신의 삶에서 일어나는
좋은 일들을 깨닫지 못하는 사람들에게는
하루하루가 매일 해가 뜨고 지는 것처럼
똑같을 수밖에 없다.**

_파울로 코엘료

'3초의 이끌림', 다시 꿈을 찾는 시간

'3초의 이끌림'이라는 말을 들어본 적 있는가? 첫인상만으로 타인을 판단하는 시간이 고작 3초밖에 걸리지 않는다는 것을 의미한다. 첫인상의 사전적 의미는 '첫눈에 느껴지는 인상'이다. 처음 보자마자 상대로부터 오는 느낌, 분위기, 끌림과 같은 감정을 바탕으로 상대방에 대해 개인적으로 예측하는 것을 뜻한다. 하지만 나는 문득, 이 3초의 시간이 비단 사람에게만 적용되는 것이 아닐 수 있다고 생각했다. 그 대상은 현대인들이 감정을 나누기 위해 선택하고, 분양하는 동·식물이 될 수도 있고, 화려하게 이목을 끌어 구매욕을 자극하는 '전자제품'이 될 수도 있는 것이다. 반대로 우리 곁에 실재實在하는 유형의 것 대신, 보이지 않는 무형 가치의 '꿈' 또한 3초의 이끌림을 통해 우리에게 올 수도 있다.

이 책의 출판을 계획할 때, 처음엔 3개월 내 초고 완성을 목표로 했다. 가속화될 것 같던 집필은 시간이 지날수록 더뎌졌고, 4개월에서 6개월로 자꾸만 지연되었다. 흐름이 완전히 끊겼을 때는 한 달 동안 고작 한 페이지도 못 채워 넣을 만큼 집중력 제로 상태였다. 억지로 아무거나 써서 페이지만 채워 넣기에는 영혼 없는 이야기 모음이 될 게 뻔했다. 깊이 있게 더 많이 공부하고, 스스로를 좀 더 채운 후에 다시 집중해야겠다고 다짐했다. 매일같이 집 근처 도서관을 드나들던 어느 날, 코로나 19 여파로 인해 무기한 도서관 이용이 중단되었다는 메시지를 받게 되었다. 하는 수 없이 근처 중고서점에 들어가서 구석구석을 살폈다. 신간 도서나 저명한 작가들의 책은 크게 저렴하지 않았고, 새 책과 가격이 비슷했다. 누군가 책에 표기한 흔적들을 함께 보는 것도 내가 중고책을 좋아하는 이유 중 하나지만, 가장 강력한 건 뭐니 뭐니 해도 머니MONEY였다. 슬쩍 눈을 돌려보니 2~3천 원 정도에 판매되고 있는 책들도 아웅다웅 줄지어 서 있었다. 신나서 이 책, 저 책 사야겠다며 요란을 떨던 그 순간 한 권의 책이 눈에 들어왔다.

《가장 좋은 사랑은 아직 오지 않았다》 저자 한귀은

처음 보는 낯선 작가의 이름이었지만 책 제목에 이끌려 순식간에 집어 들었다. 인문고전을 통해 사랑의 기술을 알려주겠다던 그 책은 서점 귀퉁이에 외로이 숨어 있었지만 '3초의 이끌림' 덕분에 우리 집까지 오게 되었다. 등받이 쿠션을 척추뼈에 고정한 채 프롤로그를 읽어나가던 그 찰나의 순간, 나는 알 수 있었다. 내가 한귀은 작가님의 모든 책을 사랑하게 될 것이라는 것을 말이다. 밤을 새워 책을 읽은 것도 모자라, 아예 한귀은 작가님의 책만 일괄적으로 구매하기 위해 다시 서점을 찾았다. 그녀의 이야기와 그녀의 문체는 내게 설렘과 황홀, 공감과 그리움 등 다양한 감정을 선물해주는 기분이었다.

그러나 내 책의 자양분으로 삼기 위해 읽기 시작한 그녀의 도서는, 일순간 돌변해 나를 좌절하게 만들었다. '세상에 이렇게 좋은 책이 있는데 감히 내가 책을 쓴다고? 그게 말이 돼?' 6개월 동안 숱한 밤샘과 주변의 자문, 기필코 책을 쓰고 말겠다는 일념 하나로 완성해낸 초고를 몽땅 지워버리고 싶었다. 갈아엎는다는 표현이 더 정확할지도 모르겠다. 그럼에도 내가 용기를 내어, 계속해서 글을 쓰는 이유는 그녀의 첫 책과, 마지막 책의 확연한 차이 때문이다. 20년 동안 빚어낸 그녀의 인문학 저서들은 놀라울 정도로 성장하고 있었다. 느리고 더딘 것을 두려워하지 말고 멈춰 있는 것을 두려워하라던 중국 명언은 글 쓸 때마다 더 여실히 와 닿는다.

Uncontact 시대, 많은 이들이 벼랑 끝에 내몰렸다. 실직, 폐업, 파산으로 인생 전체가 흔들리기 시작하면서, 대출이나 국가지원금 없이는 일상을 유지하기 어려운 지경까지 왔다. 가계의 부채비율이 최고의 증가폭을 기록하지만, 아이러니하게도 더 많은 사람들이 주식과 부동산 투자에 주력하고 있다. 소위 말해, 빚투. 빚을 내어서라도 투자하는 20∼40대가 있는 반면, 모든 투자가 두렵기만 한 청춘들은 이러지도 저러지도 못해 발만 동동 구르고 있다. 불안한 미래 때문에 수면 장애, 신경과민, 역류성 식도염을 앓고 있다며, 새로운 '경제활동' 모색으로 마음만 분주할 뿐이다.

'지금 시작한다고 내가 뭘 할 수 있겠어?'

지금 우리 모두를 지배하는 생각일 것이다. 하지만 한국 비즈니스협회 김주하 대표는, 우리가 무언가를 '생각'하면, 그 순간부터 상대에게 전달이 되고, 그 생각은 내 인생에도 영향을 미친다고 말했다. 찰나의 생각이 결국 나와 내 주변을 지배해버리는 것이다. 최근 친한 후배로부터 한 통의 전화를 받았다. 세상 사람들 모두가 코로나 이슈로 불안해해도, 왠지 나는 뭔가를 준비하면서 잘 살고 있을 것 같다는 게 전화를 건 이유였다. 나는 어쩜 그렇게 잘 알고 있냐며 정확하다고 대답했다. 많이 부족하겠지만 책을 쓰고 있었고, 어렵겠지만 역사 강의를 준비하고 있었다. 결국 더 부지런히 준비하는 사람이, 더 높이 도약할 수 있다고 믿고 있었기 때문이다. 그는 대답했다.

"10년 전부터 그랬지만, 오랫동안 꿈꾸던 목표를 말하는 대로 실현시키고 계속해서 이뤄내는 사람은 누나밖에 없는 것 같아요."

쑥스러워하며 고맙다는 인사로 전화를 끊었지만 그때 나는 생각했다. 더듬이를 세우고 있다 보면 그 일이 나에게 서서히 다가온다고 말이다. 무엇을 해야 할지, 무엇이 하고 싶은지 끊임없이 생각하고 고민하다 보니, 어느덧 '3초의 이끌림'이 나와 꿈을 만나게 해주었다. 현재와 미래를 고민해봐야 할 Uncontact 시대, 아마존의 CEO 제프 베조스 회장이 가장 많이 받는 질문은 "10년 후의 미래는 어떻게 바뀔 것 같습니까?"라고 한다. 하지만 그는 대답한다. "그 질문보다 더 중요한 것은 '10년 후에도 바뀌지 않을 것은 무엇인가?'입니다." 10년 후에도 바뀌지 않을 가치는 바로 여러분의 '이끌림'이다. '3초의 유혹', 그 시그널을 절대 무시하지 마라.

당신에게 가장 좋은 것이 아직 오지 않았을 수 있다.
그러니 '3초의 이끌림'을 놓치지 마라.

나라를 다스리는 일에
관심 갖고, 관여하기

'정치'란 무엇일까? 사전적 의미로 '나라國家를 다스리는 일'이다. 그렇다면 그 위대한 일을 하는 '정치인'이란 국가의 권력을 유지하면서 국민들이 인간다운 삶을 영위하게 하고, 사회 질서를 바로잡는 역할을 한다. 누군가에게는 멀게만 느껴지는 '정치인'이, 내게는 멀고도 아주 가까운 분들이다. 국가기관 혹은 관공서 행사 MC를 많이 하는 편이라 그들을 마주하거나, 접할 기회가 많기 때문이다. 가끔 행사 후에 내게 명함을 건네거나 연락처를 요구하는 분들도 있었지만 언제나 적당한 목례와 미소로 적당한 거리를 유지해왔다. 그 이유는 몇 년 전, 이름 모를 정치인과의 좋지 않은 추억 때문일 수도 있겠다.

부산에 있을 때의 일이다. 아버지의 반대와 나의 일본어 실력 부족으로 무산되었지만 일본 NHK 방송국 교환학생으로 떠나기 위해 일본어 공부를 하며, 일하던 시기가 있었다. 어느 날, 사무실 근처에 소방차 한 대와 분주히 움직이는 소방대원들이 보였다. '불이 났을까?' 아니면 '사고가 난 걸까?' 우려하는 마음으로 주변을 서성이다 근처에 있던 주민들에게 물어보았다. 그들은 창문 밖으로 떨어진 시민의 휴대전화 때문에 소방대원들이 출동했다고 말해주었다. 사소한 일에도 최선을 다하는 소방대원들의 모습이 내게는 눈물 나도록 멋있어 보였다. '직업정신'에 대한 감탄이라고나 할까? 그때는 SNS도 활발하게 하지 않을 때라, 어딘가 공개할 생각도 없었지만 단지 그들의 '정신'을 오랫동안 간직하고 싶었다. 소방대원들의 뒷모습이 나오도록 사진을 한 장 찍었다. 그 순간, 누군가 무섭게 다가와 나의 휴대전화를 낚아채갔다.

"당신 어디서 나왔어? 촬영하는 이유가 뭐야?"
"네? 휴대폰 찾아주는 사소한 일 때문에 출동한 소방대원이 멋있어서 찍었는데요?"
"당신이 누군데? 주민등록증 내놔봐!"

그는 내게 반말로 일관했고, 강압적으로 주민등록증을 요구했다. 겁에 질려 신분증을 건네던 나를 본 직장 상사가 달려와 막아섰다. 왜 함부로 '개인정보'를 요구하냐며 둘은 실랑이를 벌였다. 알고 보니 그는 가슴팍에 반짝이는 배지를 부착하고 있던 국회의원이었고, 젊은 여성과 바람을 피우던 도중에 그녀가 창문 밖으로 휴대전화를 떨어뜨린 것이었다. 나를 명탐정 코난 혹은 〈그것이 알고 싶다〉의 학생 기자쯤으로 생각했을 그는 '도둑이 제 발 저린다'는 속담처럼 혼자 노발대발한 것이다. 이름도, 얼굴도 기억나지 않는 그와의 마찰로 인해 내가 생각하는 '정치인'의 이미지는 권력놀음 하는 부패한 '어르신' 정도에 지나지 않았다.

그 후 어쩌면, 모든 정치인들을 색안경 끼고 바라봤던 것 같다. 명예나 관직에만 눈이 멀어 시민의 안위에는 관심도 없는 사람들일 거라 생각했다. 그러던 어느 날, 2016년 광명시 행사를 하러 갔을 때의 일이다. 평소 정치인분들이 내게 일관하던 친절한 미소와 인사치레를 건네지 않는 분을 만났다. 칭찬에 익숙하면 비난에 마음이 흔들리고, 대접에 익숙하면 푸대접에 마음이 상한다는 '백범 김구' 선생님의 말처럼 약간 당황스러웠다. 익숙하게 길들여졌던 '과잉 친절'과 '대접'을 받지 못하니, 조건반사적이던 나의 자본주의 행동들 또한 마비된 것 같았다. 나오지 않는 억지 미소를 지어보이며 그분(?)과의 첫 행사를 무사히 마쳤다.

처음엔 어색했고, 시간이 지나니 궁금해졌다. 왜 여타 정치인들과 다르게 느껴질까? 무엇 때문일까? 열심히 그를 검색해봤다. '양기대 광명시장'. 《매일경제》에서는 그를 지고능변至高能辯하다고 표현했다. 겸양한 가운데 기백도 넘치는 대목이라고 말이다. 그는 보여지는 것에 '시간'과 '체력'을 낭비하지 않는 사람이었다. 실속도, 정성도 없는 의식들로 에너지를 허비하지 않고, 시와 시민의 발전을 위해서만 고민하고 행동하는 사람이었다. 그날 이후 나는 그의 팬이 되었다.

'좋은 정치'는 명확한 기준도 없고, 정답도 없다. 따라서 누가 옳고 그른가를 함부로 판단하기 어렵다. 다만 우리는 시민의 입장에서 최선의 선택과 지지를 할 뿐이다. 고로 정치를 어려워하거나 모르는 것 또한 '흠'이 될 수 없다. 하지만 정치에 무관심한 것은 '흠'이 될 수도, '흉'이 될 수도 있다. 진정 이 나라의 주인이라면, 찾거나, 묻거나 조사해서라도 정치에 관여해야 한다. 목소리를 내고, 투표하면서 우리가 사는 세상을 좀 더 이롭게 바꿔나갈 수 있어야 한다.

혹자는 소개팅에서 절대적으로 금기시하는 세 가지 지읒(ㅈ)이 있다고 했다. 그것은 바로 '자기자랑', '종교', '정치' 이야기이다. 그러나 우리가 사는 세상은 한두 번 경험하고 지나쳐버릴 단순한 소개팅 자리가 아니다. 왜곡된 역사, 편협된 정보만 갖고 세상을 좁게 바라보지 않으려면 '세상'과 '국가'를 다스리는 일에 결코 무관심하지 말자!

국민은 자신의 수준에 맞는 지도자를 갖는다.
나라國家를 다스리는 일에 관심 갖고, 관여하기!

3,000만 원 이상의 가르침

　논문을 여러 차례 썼던 박사 선배들의 말에 의하면 '논문'은 엄청난 인내와 고통을 필요로 하는 작업이다. '논문의 고통은 출산의 고통과 맞먹는다'라거나 '가방끈을 늘리려다가 생명끈이 짧아졌다'라는 식의 농담을 들을 때마다 '에이~ 엄살이겠지?'라고 추측했지만 정말 그랬다. 나 역시 논문 작업할 당시에 내 피와 땀과 눈물을 모두 쏟아내어야 했다. 그렇기 때문에 제본이 끝나고 나면 논문의 완성도를 떠나, 그간 나의 노고에 대한 축하 기념 의식을 치르게 된다. 지도해주셨던 교수님과의 식사 혹은 논문을 함께 썼던 동기들과의 식사뿐만 아니라 먼발치에서 나를 응원해줬던 친구들과의 시원한 맥주 한잔 등이 그에 포함된다. 예능 촬영을 통해 만난 친구이자 배우로 활동 중인 조진희 양이 어느 날 내게 물었다.

　"논문 지도해주신 교수님은 어떤 분이야?"

우리는 수많은 고민과 선택을 통해 특정인과의 인연을 이어가지만 내가 왜 지도 교수님을 선택했는지, 지도 교수님은 어떤 분인지에 대해 한 번도 진지하게 고민해 본 적이 없었다. 맥주 거품을 입에 문 채 나는 천천히 시간을 거슬러 나의 과거를 회상해나갔다. 대학원 입학 후 신입생 환영회 날이었다. 배움에 대한 갈증과 열정을 가득 안고 학교에 입학했던 나는, 선배들에게 어떤 수업을 듣는 게 좋을지 조언을 구하며 바쁘게 돌아다녔다. 피해야 할 수업과 들어야 할 수업의 의견이 분분하게 갈리던 중, 신입생의 눈치로 보아 특정 한 과목이 만장일치로 비추천되고 있다는 것을 파악할 수 있었다.

백선기 교수님 / 기호학

교수님께는 죄송하지만 어떤 이유로 비추천하는지 묻고 따지지도 않은 채 매 학기마다 수강신청 과목에서 제외시켜 나갔다. 선배들이 입을 모아 추천해주던 인기 있는 수업들만 들으며 일과 학업을 병행해 나가던 어느 날, 추천받았던 수업들이 죄다 농땡이(?!)과의 수업임을 알 수 있었다. 사전적 용어로 일을 하지 않으려고 게으름을 피우는 짓을 말하는 '농땡이과'는 수업을 듣기 위한 나의 에너지가 전혀 필요하지 않거나, 불성실한 수업 태도에도 낮은 점수를 피할 수 있는 '졸업'을 위한 수업을 말한다.

요즘 같은 세상에 누가 대학원을 공부하러 다니느냐며 졸업장

받고 학력 세탁(학교 다닌 경력을 필요에 따라 여러 가지 방법으로 탈바꿈하는 일)을 위해 다닌다고 말하는 사람들도 있다. 하지만 고리타분하게 들리겠지만 나는 정말 공부만을 위해 입학했기 때문에, 가르침에 열의가 있고 '수업'을 준비하는 태도에 성의가 있는 교수님을 꼭 찾고 싶었다. 그러나 이미 내게 남은 시간은 오직 한 학기. 다음 마지막 학기밖에 없었다.

추천받았던 수업들의 열정 농도를 반추反芻해보았을 때, 내가 할 수 있는 건 비추천받은 수업에 대한 위험한 도전밖에 없었다. 남자들이 입영 통지서를 받거나, 훈련소를 가기 전날 느낄 법한 엄청난 두려움을 간직한 채 떨리는 마음으로 첫 수업을 들었다. 낭패였다. 보통 교수님들은 1시간 20분으로 마무리하는 수업을 2시간이나 넘게 진행했고, 매주 과제가 넘쳐났다. 이래서 선구자들의 말은 귀기울여 들을 필요가 있나보다. 늦은 후회를 해봤지만 이미 돌이킬 수 없었다. 좌로 흔들, 우로 흔들 2시간 내내 헤드뱅잉을 하며 수업을 버텨내는 나에게 교수님은 "오들희! 정신 못 차릴래?"라며 매 수업마다 출석 체크 아닌 정신 체크를 하셨다.

수업이 끝나고 나면 매주 수업 후기를 작성해서 내는 것이 기본 과제였는데, 매 순간 졸았던 나에게 In-put이 없었으니 Out-put이 없는 건 당연했다. 듣고 배우고 깨달은 게 있어야 뭔가를 작성할 것 아닌가. 매주 주말에 봤던 영화나 있었던 경험 따위를 서술하며 대충 교수님의 눈을 속여 고등학생 수준의 과제들을 제출했다. 3주차쯤 되었을까? 잠에 취해 몽롱한 상태로 주변을 둘러보니, 나를 제외한 모든 학생들이 집중해서 수업을 들으며 노트에 코를 박고 필기하는 모습을 볼 수 있었다. 그 모습을 본 순간 잠결이었지만 약간 창피하기도 했고, '문제는 나에게 있는 게 아닐까?'라며 의심하기 시작했다. 만약 나를 포함한 모든 학생들이 지루함을 느낀다면 그건 교수님의 수업 방식이나 교육 내용에 문제가 있겠지만, 나를 제외한 모두가 집중해서 듣고 있으니 그건 나의 소양 부족이 틀림없었다.

다행히도 대학원에는 수업 한 내용이 모두 녹화가 되어, 집에서 복습할 수 있는 기능이 있었고 집에 도착하자마자 첫 수업부터 마지막 수업까지 반복해서 듣고 또 들었다. 동이 트기 시작할 즈음, 나는 일상에서 흔히 남용되는 문장 '아는 만큼 보이고, 아는 만큼 들린다'는 것을 다시 한 번 여실히 깨달았다. 지난 수업까지 모두 복습해서 들은 뒤 과제를 제출했으니 교수님께서 나의 변화를 눈치 채지 못할 리가 없었다. 민망하게도 교수님은 강의실에 들어오자마자 나를 호명했다.

"오들희, 한 주 동안 엄청난 변화가 있었네. 무슨 일이 있었는지 얘기해봐."

집에 가서 밤새 복습했다는 것을 군이 티내고 싶지도 않았고, 교수님의 수업을 찬양하는 듯한 아부성의 발언 또한 하고 싶지 않아 아무 일 없었다고 선의의 거짓말을 했다.

"귀신을 속여라. 학생 가르치는 일을 40년이나 했어. 얼른 일어나서 얘기해."

눈을 반짝이며 교수님의 수업을 듣던 모든 학생들이 나를 주목하고 있었다. 어떻게 말해야 할지 괴로울 땐, 들풀처럼 진실만을 말하라던 누군가의 말처럼 사실만을 전했다. 부족함으로 교수님의 수업을 이해하지 못했던 지난날들을 반성하듯 토로했고, '박수'를 좋아하는 교수님의 개인 취향 덕분에 나는 모두에게 박수를 받으며 자리에 앉았다. 누군가는 가르치는 사람보다 실행하는 사람이 중요하다고 말할지 모르지만 나는 이처럼 스승의 역할은 한 사람의 인생을 바꿀 수 있을 만큼 중요하다고 생각한다. 난초 향은 하룻밤 잠을 깨우고, 좋은 스승은 평생의 잠을 깨운다는 말도 있지 않던가. 모자라고 부족한 내게도 배울 수 있는 능력이 있다는 걸 일깨워주셨고, 평생 못 보고 못 느끼며 살 뻔했던 나의 깊은 잠을 시원하게 깨워주신 분이었다. 하지만 앞서 친구가 교수님은 어떤 분이냐 물었을 때, 다음과 같이 대답했다.

"음…… 등록금 3,000만 원 이상의 가르침을 주신 분?"

이제와 돌이켜보니 내가 교수님께 갖는 존경의 깊이에 비해, 너무 얕은 대답이 아니었나 하는 아쉬움이 남는다. 너무 세속적이었고, 너무 무정한 대답이었던 것 같아서 이 책을 통해 정정하고 싶다. 나는 교수님께 돈으로 환산할 수 없을 만큼의 가르침을 받았고, 그 가르침은 내 인생의 손꼽히는 행운 중 하나였다. 이것으로 친구에게 충분한 추가 답변이 되었길 바란다.

인생에서 한 번은 꼭 좋은 스승을 만나라.
스승이 없다면 부디 찾아 나서기를!

메멘토 모리

　누군가를 떠나보내는 게 익숙하지 않은 20대 초반. 유방암 말기로 시한부 선고를 받은 할머니께 소소한 원顯을 다 이뤄드리기 위해 매주 할머니의 병원을 찾았다. 먹고 싶다는 것은 어디든 찾아가서 사다드렸고, 통기타와 함께 좋아하는 노래를 불러드리며 심심치 않은 시간을 함께 보냈다. 과거를 회상하실 때는 옛 사진을 보여드리면서, 추억을 함께 곱씹는 말동무이자 든든한 손녀가 되어드렸다. 내 시간과 에너지를 온전히 쏟아 간호했기에 할머니의 비보悲報는 내게 그다지 큰 충격으로 남아 있지 않다.

　그때를 회상하자면 2012년의 어느 날이었다. 지식 경제부와 문화체육관광부가 주관한 〈전통놀이, 로봇기술과 만나다〉라는 행사에 서울예술대학교 연기과 학생들이 콜라보를 이뤄 전국 투어를 하게 되었다. 지금은 배우로 활동하고 있는 강전영 씨와 나는 남녀 사회자, 즉 더블 MC로 섭외가 되었다. 단 한 번도 호흡을 맞춰 본 적 없었지만 우리는 환상의 호흡으로 많은 관계자들을 놀라게 했고, 몇 회의 지방 투어를 통해 모두의 찬사를 받았다. 그러던 중 문화체육관광부 관계자들이 방문하기로 한 매우 중요한 어느 날, 할머니의 비보를 듣게 되었다.

그러나 직업의 특성상 나의 상황은 관객 또는 함께 작업하는 주변인들에게 선택권이 양도되기도 했다. 나의 감정 또한 온전히 나만의 것이 아니었다. 그들에게 양해를 구해야만 자리를 비우거나 대체될 수 있었다. 할머니께 마지막 인사를 건네고 싶어 하던 나에게 Y 교수님은 말했다.

"예술하는 사람은 부친상을 당해도 무대에 서야 하는 건데, 할머니 비보로 자리를 비우는 건 너무 무책임한 거 아니야?"

책임감 없는 사람으로 낙인찍히는 건 싫었지만, 가족의 마지막을 지키고자 하는 것은 인간의 도리이자 손녀로서의 애상愛想이었다. 그날만큼은 무책임을 자청하며 고향으로 향했다. 할머니 손에 자라지는 않았지만 추억이 많아 그런지 내 인생의 첫 초상初喪은 옅고 잔잔한 슬픔이 꽤 오랫동안 나를 아프게 했다. 사랑하는 사람의 예정된 죽음도 이렇게 아프고 시린데, 돌연한 죽음은 주변인의 영혼까지 앗아가버리는 것 같았다. 그날 이후, 나는 메멘토 모리 Memento mory를 가슴에 새기며 살았다. 하지만 인간은 망각의 동물이 아니던가? 얼마 지나지 않아 밤낮없이 일만 쫓아다니며, 부모님의 유한한 삶을 간과해버리고 말았다.

2018년의 어느 날, 어머니는 뇌혈관 MRA 검사를 받았다. 그런데 이게 무슨 일일까? 우측 중대뇌동맥 분지부에 소낭성동맥류가 4.5mm나 되어 개두술開頭術이 시급하다는 것이다. 처음 들어본 진단에 나는 어안이 벙벙했다. 급히 서울 병원을 알아봐달라던 부모님의 요청에 분주히 연락을 취해봤지만 딱히 돌아오는 답변이 없었다. 초조했지만 기다리는 것밖에 달리 방도가 없었다.

무릇, 허리, 손목 수술 등 비교적 익숙하게 생각하던 수술도 아니고, 머리를 열어 그 조그만 뇌의 동맥을 건드리는 수술이라니 내 속에 답답한 돌덩이가 쿵 하고 내려앉은 듯 막막하고 두려웠다. 내게 부탁하고 24시간도 채 지나지 않아, 경상도 병원에 예약을 해버린 어머니께 답답한 마음에 전화를 했다. 혈관 꽈리가 너무 커서 마냥 방치할 수 없었다고 말하는 그녀는 처음으로 두려워 보였다. 뇌 속의 시한폭탄이라 불리는 이 꽈리가 우리에게 준비되지 않은 이별을 가져다줄 수도 있다고 생각했으리라. 무서울 것 없는 청춘의 나도 이렇게 두려운데, 어머니는 오죽할까 생각하니 못내 스스로가 미워졌다.

평소 근심 걱정이 별로 없고, 매사에 무감각한 편이라 대부분 긍정적인 생각으로 극복해내는 편이지만 사랑하는 어머니를 잃을 수도 있다는 두려움은 내 모든 정신을 위협하고 있었다. 생각이 많을 땐 책을 읽거나 좋은 영화를 통해 마음을 안정시키는 나의 관행들도 별 효력이 없었다. 나는 태어나서 처음으로 인간의 영역이 아닌 신의 영역에 구원의 손을 내밀고 있는 나를 발견했다. 기독교인도 아닌데 무작정 집 근처 교회에 들어가 정말 오랫동안 울면서 기도를 드렸다. 아직도 그 기억은 내 인생에서 가장 아프고, 가장 간절했다.

며칠 뒤, 아모레퍼시픽 기업 홍보 영상 촬영 날이었다. 영어 행사보다 영어 촬영이 몇 배는 더 중요하고 어렵기에 내 인생의 가장 신경 쓰이는 촬영이라 해도 과언이 아니었다. 하지만 신의 장난처럼 어머니의 뇌수술 날짜와 겹치는 것이었다. 병원에 내려가지 못하는 건 물론이고, 나의 불안한 표정과 발음들이 화면에 모두 기록된다 생각하니 촬영 전부터 걱정이 앞섰다. 가족들은 수술하는 엄마의 곁을 지켰고, 나 혼자 무거운 마음으로 촬영장에 도착했다. 2018년 6월 23일, 수술이 끝난 후 비몽사몽 정신을 잘 못 차리신다던 어머니께, 메시지 하나가 도착했다.

엄마 – '천천히오너라정신이돌아왔다'

가족들이 보내주는 어머니의 의식 상태가 아닌, '엄마'라고 적힌 번호로 직접 받는 한 줄의 문자 메시지가 이렇게 소중하다는 걸 그날 처음으로 깨달았다. 죽음의 두려움과 맞서 싸웠던 엄마는 의식을 되찾자마자 띄어쓰기 할 정신도 없이 나에게 메시지를 보낸 것 같았다. 머리가 깨질 듯한 당신의 육체적 고통보다, 딸의 업무에 방해가 될지 모른다는 심적 고통이 더욱 컸던 것이다. 그날의 메시지는 내 인생에서 만난 크고 작은 행운과, 행복들 중 가장 큰 행운이었다고 감히 말할 수 있다. 행복은 참 단순하고도 복잡하다.

그때를 회상하며 글을 쓰는 지금 이 순간에도 어머니의 마음이 느껴져, 눈물이 용솟음치듯 터져버렸다. 그 순간, 거짓말처럼 그녀의 메시지가 도착했다.

'내일한파주의보영하12도집에꼼짝말고있어라'

2년 후에 알았다. 우리 어머니는 원래 띄어 쓰기를 잘 안 한다는 사실을. 피식 웃음이 터져나왔지만 그렇다고 해서 그때의 감동이 줄어든 것은 아니다. 오히려 '죽음'을 기억해야 한다는 사실을 한 번 더 각인시켜 준 소중한 메시지였다.

잊지 말자. 메멘토 모리!
당신과, 당신이 사랑하는 누군가는 반드시 죽는다!

우리 좋은 꿈,
멋진 꿈 꾸며 삽시다!

대학교 3학년, 졸업과 취업의 그 경계선 즈음에서 방황하고 있을 때 우연히 청강으로 들었던 영화과 지도 교수님이 건넨 첫인사이자 질문은 아직도 내게 미지수로 남아 있다.

"당신은 왜 사나요?"

타인에 의해 성장하던 내가, 스스로의 주인이 되면 누구나 한 번쯤 자문하게 된다. 이런 의문이 더 극단적으로 전개 될 경우, '인간은 왜 자살을 하지 않는가?'까지 이어진다. 프랑스 작가인 알베르 카뮈Albert camus가 우리에게 던진 질문이기도 하다.

그렇다. 나는 왜 살까? 이 질문을 받자마자 가장 먼저 떠올린 건 내 가족이다. 습관적이든 진실이든 내 삶의 이유는 '가족'이라 생각하며 살아왔으니까. 그런데 이때 한 가지 질문이 더 생긴다. 'If'라는 가정법을 써서, 극단적으로 생각했을 때 내가 만약 삶의 이유를 전부 잃는다면? 나도 한 치의 미련 없이 세상을 떠날 수 있을 것인가? 과연 그게 내 한 번뿐인 인생에 대한 최선의 선택일까? 냉정하지만 내 대답은 NO였다. 결국 내가 사는 이유는 긴 시간 한 가지 목표를 달성하기 위해 노력해온 내 지난날들에 대한 애틋함과 내 존재에 대한 사랑 그리고 나를 둘러싼 주변인과 세상에 대한 관심과 호기심 덕분이라고 할 수 있다.

어쩌면 책을 쓰기 시작한 원인과 내가 살아 숨 쉬는 이유는 비슷하게 닮아 있다. 나의 노력들을 스스로 칭찬해주고 싶어 하는 마음, 내 지난 여정들을 통해 누군가를 격려하고 응원하고자 하는 마음, 또한 책과 삶을 통해 또 다른 세계를 경험하고자 하는 무한한 호기심.

"과연 나는 책을 쓸 자격이 있는 사람인가?"

수없이 자문한 끝에 이 책은 탄생했다. 부족하고 부족했다. 그래서 더 많이 연구하고 살피려 노력했으며, 스스로를 보채고 궁지로 몰았다. 하지만 내가 새로운 언어를 시작할 때, 혹은 무언가를 공부할 때마다 머리가 아니라 가슴에 새기는 말이 있다.

자전거를 못 탄다는 것은, 자전거를 타고 있다는 뜻이다.

위 문장을 빌려 오랜 시간 집필에 애정을 쏟았던 나 스스로를 격려해주고 싶다. 혹 내 책을 읽고, 누군가는 '시간낭비였다'라는 피드백을 할지언정 언젠가는 나도 양손을 놓고 자유자재로 자전거 묘기를 부릴 수 있는 날이 올 것이니 크게 개의치 않을 생각이다. 반대로 내 책을 통해 영혼을 강화시키게 된 단 한 줄의 문장이라도 발견한 독자가 있다면 기다려 달라는 말을 전하고 싶다.

언젠가는 《어린 왕자》를 쓴 생텍쥐페리Antoine De Saint Exupery처럼 아이와 어른 모두가 가슴 따뜻하게 읽을 수 있는 소설을 집필할 예정이기 때문이다. 물론 말도 안 되는 허황된 꿈이겠지만, 꿈을 크게 꿔야 그 조각이 깨져도 큰 법 아니겠는가! 다만 언제 완성될지는 장담할 수 없다. 사실 이 목표는 2020년인 올해 만들어졌다. 프랑스어 공부를 시작하게 되면서 유튜브 크리에이터가 프랑스어로 《어린 왕자》를 읽어주는 동영상을 반복해서 보게 되었다. 어떤 순간은 지구인에 대한 비판이 통쾌해서 웃음이 났고, 어떤 순간엔 주고받는 말들이 따뜻해 코끝이 시큰해졌다. 프랑스어 때문에 반복해서 읽었던 한 권의 책이 내 영혼을 보듬어주고 어루만져 주더니, 새로운 꿈까지 만들어주었다. 아! 책 읽는 것에 대한 장점은 전 세계 위인들이 독려하고 있고 나도 적잖이 다뤘으므로 더 길게 말하진 않겠다.

이처럼 '꿈을' 꾸자고 제안하는 책을 쓰다가 나는 또 다른 '꿈'을 만났다. 꿈의 힘은 당신이 상상하는 그 이상으로 위대하다. 내 책을 덮은 후에도 여전히 꿈을 찾고 싶은 의욕이 들지 않거나, 꿈은 이루어지지 않는 허무맹랑한 것이라는 생각이 든다면 본인이 평생 들었던 수많은 칭찬들을 모두 나열해보기 바란다. 재미있다는 칭찬과 말을 잘한다는 칭찬, 영어를 못할 때도 "영어를 유창하게 잘해"라는 거짓말 같은 칭찬들이 모여 10년 전 내 꿈이 탄생되었기 때문이다.

꿈꾸는 건 자신의 에너지만 소모되는 게 아니라, 엄청난 시간과 돈을 소모시키기도 한다. 내가 사소한 꿈을 꾸고, 그 꿈을 이뤄나가는 신나는 세상의 주인공으로 살아갈 수 있도록 물심양면 애써주신 부모님께 진심 어린 감사와 경의를 표하고 싶다. 세월의 풍파와 거센 바닷바람에도 불구하고 늘 가정 안에 온화와 평화가 가득할 수 있도록 노력해주셨고, 공부하느라 금전적 여유가 없던 나의 지난 시간에도 단 한 번의 재촉 없이 기다려주셨던 훌륭한 분들이다.

나의 꿈 이루어주기 위해 당신들의 꿈을 잊고 살았던 두 분께도 이 책이 꿈의 탄생서가 될 수 있기를 진심으로 희망해본다.

어떤 삶의 이유에서건 살아 숨 쉬고 있는 당신!
우리 좋은 꿈, 멋진 꿈을 꾸며 삽시다!